Tosturi

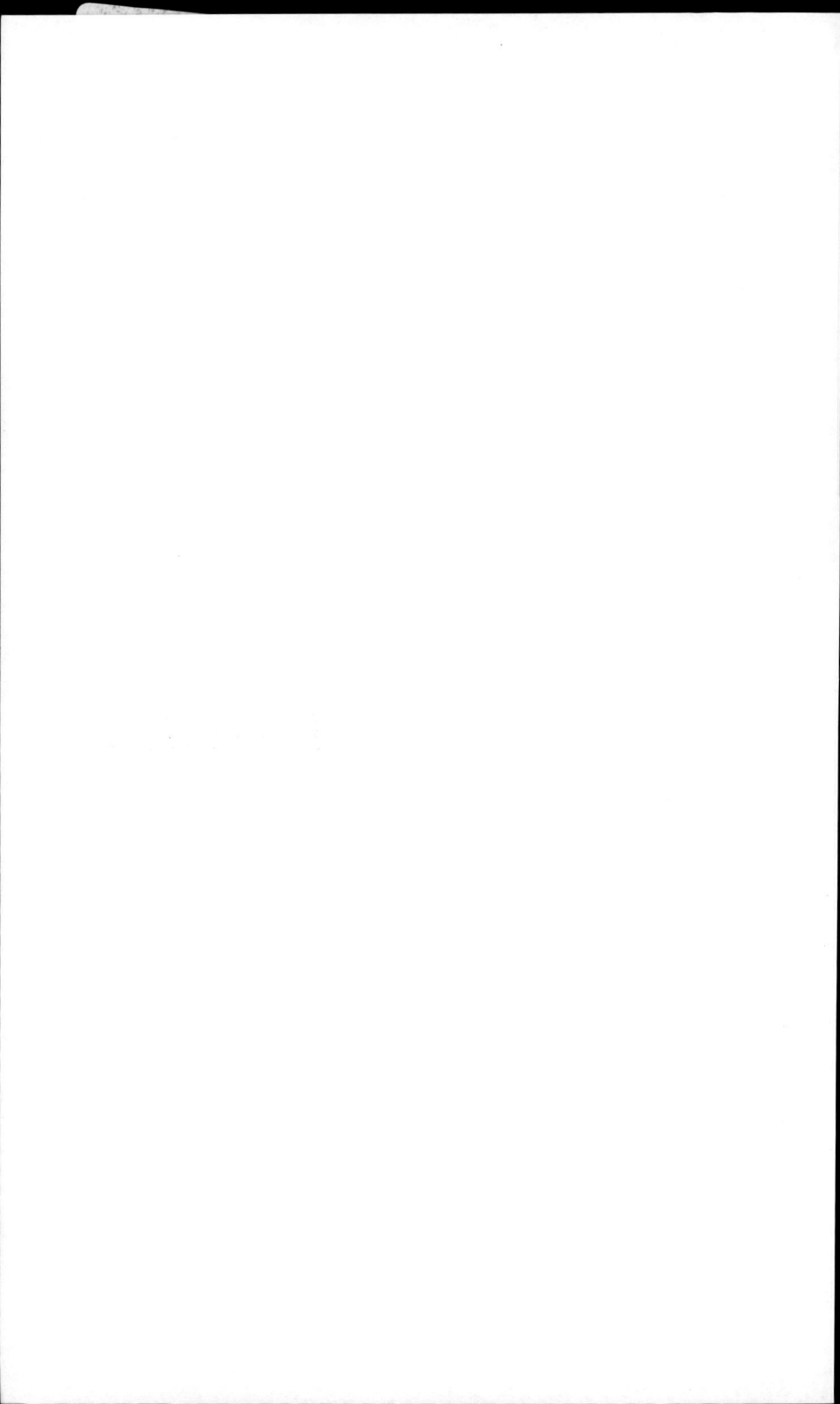

Tosturi

Menna Elfyn

Cyhoeddiadau
barddas

Diolchiadau

Carwn ddiolch i'r canlynol: i Gyhoeddiadau Barddas
am gyhoeddi *Tosturi*, fy nghyfrol gyntaf yn y Gymraeg
ers peth amser; i'r cylchgronau *Cristion* a *Golwg* ac
i Wasg Bloodaxe am gael ailgyhoeddi pum cerdd o'r
cyfrolau *Murmur* (2012) a *Bondo* (2017). Diolch hefyd
i Alaw Mai Edwards am ei brwdfrydedd heintus a'i
golygu gofalus ac am bob cyngor doeth, ac i Meinir
Mathias am y darluniau a'r clawr gwefreiddiol.

Gan mai 'Tosturi' yw teitl y gyfrol, gobeithiaf y bydd y
darllenydd yr un mor drugarog. 'Trugaredd sy'n gwybod'
oedd un o ddywediadau mawr fy nheulu wrth glywed am
rywbeth annisgwyl. Ond arall yw'r ffordd o 'adnabod' tosturi.

Menna Elfyn (Mawrth 2022)

Rhybudd: gall cyfeiriadau mewn rhai o'r cerddi beri gofid i rai unigolion.

Argraffiad cyntaf: 2022

ISBN 978-1-91158-454-4

Mae'r cyhoeddwr yn cydnabod cymorth ariannol Cyngor Llyfrau Cymru.
Cyhoeddwyd gan Gyhoeddiadau Barddas.
www.barddas.cymru

Darlun y clawr: Meinir Mathias.
Argraffwyd gan Y Lolfa, Tal-y-bont.

er cof am Siân Elfyn Jones
a Geraint Elfyn Jones

Cynnwys

Catrin Glyndŵr

Un o ferched Owain Glyndŵr a fu farw yn 1413 yn Nhŵr Llundain.

Wedi'r brad ar baradwys
   a'i dwyn yn yr oriau dwys
o'r fan a fu yn annedd,

bu dur amdani'n furiau
   mewn gwlad bell a'r gell ar gau,
yn anair bu'n ddienw.

Bu'n wâr wrth hirymaros
   yn oriau noeth hwyra'r nos,
bu'n anian pob hunaniaeth.

Er hanes blin drycinoedd,
   bu'n rhiain gywrain ar goedd
yn cadw urddas traserch.

Wrth y Mur, deil aberth merch
   i hawlio'r gri, i wylo'r gred,
'Hi hen, eleni ganed'.

       *

'Godre Twr, adre nid aeth,
aria ei rhyw yw hiraeth'.*

*Y geiriau sydd ar ei chofeb yn Cannon St., Llundain.

Marged Glyndŵr

Margaret Hanmer, gwraig i Owain Glyndŵr a mam i Catrin.

Crygni'n fy ngwddw,
dïor rhoi f'enw,
dyrnau'n fy mwrw.

'Ble mae e'r gwcw?'
meddai un garw,
'Ai tu draw i'r derw?'

'Cewch fynd at y meirw
a phesgi ein ceirw' –
ei wyneb yn ferw.

'Ble mae e? Ble, acw?'
Yn fy llwnc, dal fy llw,
'Ni wn i ... rwy'n weddw.'

O fyd glas i feini gwelw
Tŵr – ymysg y twrw –
a'i wlad yn ei alw

yn arwr, yn fwy na delw,
a'r lluoedd draw ar herw.
A'm gwaddol i? Eli ac elw

ei gariad a'm lleinw
rhag y dyddiau chwerw –
i'r weddi olaf – a'm ceidw;

daw, fe ddaw ... Duw a'm geilw.

Y Dywysoges Gwenllïan

Merch Llywelyn ap Gruffudd. Fe'i ganed yn
Abergwyngregyn yn 1282 a bu farw yn 1337.

Pa hanes coll archollwyd
am eneth o Abergwyngregyn?

Ond ai ein hiraeth ni amdani
a erys – yr hyn na fu, neu a orfu?

A thybed, o'r cymhelri, na allwn
o'r nudden nyddu ei stori alltud?

Hyhi a drodd yn gannwyll llygad
sawl lleian, segur ei chroth;

ei magu ar liniau, yna'i moli
a'i meithrin i drafod llieiniau,

gwarchod y cleifion, cerfio geiriau –
creiriau'r ffydd, a'i buchedd

mewn ymgeledd ac anwybod
am na thad, na'i gad o filwyr traed.

                    *

Un dydd yn yr oesau sydd i ddod
fe ddaw'r hynod 'hanes' newydd

a chanfod, o ryw wyddfa bell
neu gladdgell, Lyfr yr Oriau

a gadwodd rhag ysgwydd pawb,
yn nodi mai – ei Duw oedd biau'i bywyd.

God o ddyn, Gododdin

'Amodau, rhwymau oedd rhôm, / Eithr angau a aeth rhyngom' – Tudur Aled

Llun ar bapur newydd,
newyddion llosg y dydd,
yfory mewn bin ailgylchu.

Hi yn ddelwedd, yr eneth ddel,
un o'r chwedlau oesol,
hi fythol fodan hanfodol
o'i hachres, un fynwesol –
un o'r 'rhyw deg' a'i thegwch
hi, fynwes fwyn, bellach,
hi a fu. Darfu. Diweddnod.

Dirifedi riain, fel y wraig honno,
hi fu'n rhoi o waith ei bysedd
fyd o luniaeth hael yr aelwyd,
rhoi maeth a mwyth, magu'r merched.

Pa fath angau sy dan ddyrnau o ddur?
Hi, ei ddelfryd, meddai,
mewn gwaed iasoer:
wedi'r ddedfryd, ef lefarodd
wrth farnwr y geiriau an*farwol* –
'Ro'wn i'n ei charu ormod.'

Os marw bun, oes mwy o'r byd?

Rhyw – (h)edd

'Sucede que me canso de ser hombre' – *Pablo Neruda*

'Fel mae'n digwydd, rwy wedi blino ar fod yn ddyn,'
meddai'r bardd o Chile wrth loetran ar hyd y stryd,
a daw i'm cof ymsonau dwys, mewn llais a llid sy'n
atgas at yr hergwd ar war, yn eu llethu bob dydd –
yn warthnod a fathwyd arnynt – nid o'u hanfodd.
Ond fel llwyth o'r un cyff, a'u llef mewn cyffion,
wrth wingo am rin yr hudol mewn brawdoliaeth:

'Fel mae'n digwydd, rwy wedi blino ar fod yn ddyn.'

Ac i bob un gwyrdroëdig, yn un o'r gwŷr,
mae'r llariaidd a'r llednais a'u traserch hael,
addefaf iddynt yn unfryd –
'rwy wedi blino ar fod yn ferch.'

A daw'r cam a'r cyfamod â nyni yn un genedl,
yn unol o nwydol, cans ni cheir angerdd un heb arall,
a'r dwysedd byr, yn un ddynoliaeth ysig:

'Pa beth yw dyn i ti i feddwl amdano?' ac
onid traws ar letraws ydym oll ac un? A chyfrgoll,
'Yn anwahanol mwy?'
A rhyw ruddin anwel sy'n ein dal ynghyd, cyn rhyddhau
ein llinyn arian o'n rhywedd:
rhyw hedd am byth – megis rhith.

Arweinwyr ein gwrthryfel

Ac areithiodd un arlywydd uchel ei gloch
wrth fenyw ym Mrasil, un o'r Gyngres,
'Fyddwn i ddim yn eich treisio chi
achos dy'ch chi ddim yn ei *haeddu*.'

Ac meddai arlywydd arall o'r Philipinau,
'Mae gen i ateb da sut i drin ffeminyddion,
 y rheini sy'n gomiwnyddion trafferthus –
saethwch nhw yn eu *camfflabats*.'

Ac meddai cyn-arlywydd o'r Unol Daleithiau
am fenyw o'r wasg, 'i waed lifo o rywle';
ac am ferch arall, 'wnes i mo'i threisio
gan nad yw hi, Duw a ŵyr, mo 'nheip i'.

Sawl anghlod sydd eisiau o enau ambell ddyn?
Pa ffydd sydd i ni pan gaiff merch ei threisio
bob rhyw saith eiliad – gan ddynion
heb deip sy'n credu iddi hi ei *haeddu*?

Y ferch ddaeth i'r fei o Rio

Rhew yn noethlymu Rio,
hiraeth am afiaith yr haf
i orohïan yn Ohio.

Yn unfryd, criw efrydaidd,
eu tywys i 'Stafell Gynddylan',
yno awn – ys tywyll hefyd,

a'r awyr o liw llurig
yn blwm afrwydd
fel y llu mud, 'un ac oll',

ar goll, efallai, mewn hen oes
pan oedd cerydd a chariad
yn frwydrau gwaedlyd

a lleisiau'r Hen Ganu yn llethol.
I'r ifanc, tebyg i dranc fod draw
o'u cyrraedd, meddyliais.

Wedi orig, un hwy na'r dydd hen,
eu rhyddhau i'r oerwynt.
Ond oedi wnaeth un eneth.

Dod yn nes at fy mwrdd gwyn â dagrau ar ei gruddiau.
'Fi yw Heledd,' mwmialodd,
wedi'r parch a'i hurddai â'i llais yn gryg …

'Roedd Heledd heb "ymgeledd",
fe'm gwân bob awr; ei thynged,
rêp wnaed iddi, ontife?'

Halogodd ennyd yr hanes:
hen gyffion yn trosi'n gyffes.
'Ac o un, aethant oll'. Difancoll.

'Heledd oedd fy chwaer,' meddai,
'dyna'r stori dywyll, os wy'n ei deall.'
A phwy o'wn i i ddweud fel arall?

Hon oedd nes na'r hanesydd,
hi, nes ati na'r beirniad â'i chredo,
hi, groen at groen y bardd – oedd yno,

yng ngwres eples yr eneth, deall wnes;
Heledd o'r newydd – a'i neges gryno
drwy law merch ddaeth i'r fei yn Rio Ohio.

Tosturi

Aber, 1973

Yn ddeunaw o ddiniwed
am wŷr a gwirod, yn wirion
at gareiau f'esgidiau uchel

ymysg y rhai afrosgo
yn ei morio hi'n hwyr y nos,
'tosturiaethau fel y lli'.

Ond cadw geiriau dwys
ynghudd a wnawn innau,
yn ddirwestol, unwaith,

penicen* unig yn efaill
i'r durtur mewn llannerch,
mewn crygni prudd.

Mewn tawelfrydedd bu
benyweidd-dra yn benbleth,
yn sisial oes o rasusau ynof;

'dim ond geneth' –
un gymhleth o ran a'i rhinwedd
yn deisyf trugaredd

Rhywun peniog.

23

yn fy nheml o enaid,
gwrthdystio cras, atgas oedd im,
a'r chwedegau'n wasgfa;

llys llên, nid llys barn
a fynnwn, a finne
am ymfudo i ryw feudwyaeth.

*

Anniddos deyrnas
oedd hi, er y canem
'O, doed dy deyrnas'.

Ai teyrn dynol oedd dyn?
Gwŷr oedd biau'n gweryd
a'r *ddynol ryw – undyn oedd.*

Merch, benyw, geneth,
rhianedd, lodesi, rhocesi,
gweddwon, mamau dibriod,

a'r swae siarad am ferched
yn destun mor ddidostur.
Byd felly oedd hi.

Ond ni newidiodd, o'r braidd,
praidd, corlan saff ei serch?

Llundain, 1978

'Paid â gwenu, 'nei di?'
medd cyfaill unwaith
wrth im gerdded strydoedd Llundain.

'Edrycha lawr ar y llawr.
Paid dal llygaid *rhag* ...
denu'r un dieithryn.'

A dyna'r byd
y'n ganed iddo. Y *rhag*
yn rhagnodi cymhendod,
cadw draw *rhag* yr anhysbys.

1998

A daw'r daith honno yn ôl ataf
o hyd, minnau yn Efrog Newydd,
haf hirfelyn llesmeiriol, a'r gyrrwr

yn datgan ei fwriadau glatsh
o glir wrth gloi'r drws
fel yr âi â mi i'w 'le fe'.

Mor ffwrdd-â-hi ... ac i ffwrdd-â-ni,
a'r llais distaw, main o ofn,
yn floesg cyn mynnu sôn

am y rhai sy'n fy nisgwyl,
ond mae'r drysau ar glo
ac rwy'n eistedd yn y sedd flaen

am iddo fynnu bod y gwyntyll
wedi torri, ac rwy'n ysgwyd
dolen y drws. Ac ar wib,

mae'n sgrwtian newid gêrs
yn un ddrysfa, ac rwy'n gweiddi
llef aflafar na wyddwn y'i meddwn ...

nes i benllanw ei dymer ddod
ag ef i stop, o'i stompio, at ei goed. Jyst fel'na.
A heb dalu am y daith, rwy ar y tu fas
yn dweud 'diolch' wrtho. Ie,

yn dweud *diolch* yn gwrtais, eto ac eto,
ac mae ei wyneb yn winad, yn grebach
yn fy ngwddf wrth iddo sgathru i ffwrdd.

Pa waeth pwy dosturiodd –
ef, neu'r un heb roi cildwrn,
yr hon a wnaeth, drosodd a throsodd,
ddweud 'thank you'. *Thank y- ... than ...*

Llundain, 2021
(wrth feddwl am Sarah Everard)

Ac rwy'n meddwl am yr hon
arestiwyd am fod ei hunan
bach yn cerdded y stryd fawr,

yn meddwl am ei thaith
a'r artaith o ryw hanes hyll
a gofir am ddyn didostur;

ei huodledd distadl
yn gân lle anghofiwn
y geiriau, neu'n ffaith,

unwaith, nes i'r cyhoedd
droi at gyhoeddiad arall
a'n dallu gan mor dost

yw trugaredd, cri yng ngenau
Jess AS yn y Tŷ Mawr yn mynnu
llef-aru yn lle mudandod;

rhaffu enwau fel pe baent
yn filwyr unwaith mewn
brwydr. Ond, o, mor ddiarfau;

a'r rheini ar risiau'r llysoedd
wedi'r ddedfryd, hwy yn unig
a ŵyr golli eu hyfrydwch tyner.

Eu pryd a'u gwedd yn fythol
ingol fud; fore a nos, ar gamfa
anwastad bywyd heb eu ceraint;

rhai o'r lled-fyw lwyth, prin eu geiriau,
golosg yn y galon, a phwy all ddeall
llwyrineb y wyneb absennol?

Beth yw byw ger y Môr Marw heb ei heli?

Cam adnodau

1.
Nid camweddau
ond *camweddïau* a ddaw imi'n wastadol.

2.
Mor weddaidd ar ein gwefusau
yw geiriau yr Hwn fu'n efengylu,
yn cyhoeddi 'Ein Tad, yr hwn Wyt …',
ond pwy 'Wyt' a ddibynna ar y sawl
sy'n dy gofio wrth iddo allu
camynganu, gan lenwi dy deyrnas
a'th gynteddoedd â gwleddoedd?

Cans yn dy law
y mae blasau ac amserau ein hafau.
Gwn hyn wedi i frawd mewn oedfa
â'i 'ddant melys' adrodd yn awchus:
'*mefus* yn y nef,
        felly ar y ddaear hefyd.'
Ac yn fy ngweddi innau, chwilio wnaf
am y calonnau bach cochion o dan y gwyrdd-ddail:
        dy roddion hael i ni,
                doed dy deyrnas
                        gyda'th hufen dwbl.

3.
Yn blentyn, baglwn wrth adrodd y Weddi fawr.
Y 'dyledion' a'r 'dyledwyr' –
pa un a ddaw gyntaf yn yr oes sydd ohoni?
Siawns nad maddau ein dyledion ddylai ragflaenu ...
ond y dyledwyr Lehman Brothers a'u ciwed,
y rhai a gollodd holl biliynau'r Deyrnas.

A pha 'lesâd i ddyn
os cyll yr holl fyd a'i enw
ac ennill ei gyfoeth' –
          gan ollwng ei ddyledion
                    ar adfyd y rhai tirion?

Felly 'maddau i ni ein *dyledwyr*' a adroddaf gyntaf,
er mai'r olaf a fydd flaenaf i ni heddiw:
pader yw i ddichell pob canghellor trysorlys.

4.

Ffydd? Gobaith? Cariad?

Y tri hyn, a'r mwyaf o'r rhai hyn,

yn ein dyddiau dreng, yw

      gobaith

ac yna,

      ffydd

      y pery cariad.

Ac ym mhob gweddi, seiniaf yn weddus:

Tydi ac Efe.

      A sawl

      '#fi-hefyd'?

Amen ac amin

Yn blentyn, aros wnawn
am rediad o'r *amen*iadau:
disgwyl i'r weddi ddiweddu
â'r 'amen', wedi hirymaros.
Anadlu ei rhyddhad.

Agor llygaid eto,
cyn i'r llith hirfaith
ddistewi, cyn i'r fendith
ddeisyf yr 'amen' olaf,
fer, a'r oedfa ar ben.

'Amen' ac 'oes oesoedd'
oedd geirfa fy magwraeth,
er mai cwestiwn oedd
'oes' i mi, ym more f'oes.

Ond nid oedd taw i'r hyn
a'm dilynodd i bellafoedd
ar goedd y gair dwys
a'm dysgodd i ysgyfeintio
anadl estynedig.

Dros ein byd, mae ei adlais
yn ddyhead lleisiau diderfyn
ar draws ein cread.

Amen – ameen – Alef-a –min ...
OM ei siant, OM, OM, OM, – o'm min;
A yn Alffa ac Omega.

Yn eu plyg ar liniau,
yno'n droednoeth heb sandalau,
yno'n anwylo paderau,
yno'n llu ger y Wal sy'n wylo,
yno'r gair olaf i'r claf,
yno yn eu 'cyntefin ceinaf amser',
yno,
mewn uniad o orfoledd.

Amen ac amin
yw anadl einioes
frwd ein hoes frau,
yn dalm o falm
heb femrwn.
Gair sy'n allor,
yn allwedd,
yn gymen,
yn gyfewin,
selia amlen lân
i wefus bur,
a phura ein poer.

Ochenaid yn yr enaid yw,
oes o raid,
gair sy'n eiriol
i'r meidrol,
yr un murmur
o oes oesoedd

A-min – ar fin – A M E N,
ym mhob man, A – M – N.

Iachawdwriaeth

Canem yn llawen
ar y galeri a'r 'iach –
    awdwr-iaeth'
        yn ein genau led y pen.

I

'Mae'r byd yn fach.'
Ymadrodd cynnes, unwaith,
wrth i rywun gydnabod
adnabod arall
a'r 'cofiwch fi ato'
yn gwlwm tyn.

Ond daeth yr *arall*
yn alltudiaeth newydd,
bydysawd un yn fys bawd
a'r dwylo'n ofni'r olion;
y chwa a'r chwiff sy'n llechu
a lledu o'r bwrdd a fu'n fan cwrdd;
i'r wledd mor ddiymgeledd yw,
yn ddolen wrth ddolen,
cau agor drws, wrth i ni droi
yn waedoliaeth
    hyd   braich
        llawn   dwy   lathen
am mai llid di-hid yw'r haint,
a'n genau'n rhydd i ysgeintio
ambell ysgyfaint â'r feirws
a'i fwriadau cudd;
anadl sy'n dadlau'n angheuol yw.

II

Cof am y Covid nad yw'n darfod,
ar na melfed na sidan,
tra byddwn, diofal yw'r chwa
sy'n deifiol gyrraedd
y cartrefi gofal, y rhai na chânt
orwedd mewn porfeydd gwelltog,
y rhai sydd eisoes
                    yn y cae torri olaf.

III

'Mae'r byd yn fach',
ond ymbellhau sy'n dda i ni,
nacáu nes draw i'r pellter
bellach sy mor bwyllog.

IV

Beth ddaeth o'r dyddiau
pan oedd geiriau rhwydd
am unrhyw aflwydd?
        'bregus',
                'llesg',
                        y 'gwaelu' a'r 'gwylad',
i'r hollgynhwysol o gynnil –
yr annwyl air 'anhwylus'.

Ond gair arswyd yw 'profedigaeth',
      'cystudd',
            'ing' ac 'angau'.

Salmau syml i'w llafarganu
er esmwytháu holl loes
colyn a chalon.

       V
Mae'r byd yn fach ...
      ... a'r filltir sgwâr
            i weld yn fwy troellog,
yn gyfan dir o'r newydd a'r hen;
iaith ymddieithredd,
tir neb
ar ffo,
dros dro,
neu hyd byth.

Ond beth yw *byth*?
Dydd arall i'n hachub
rhag y Fall?
Archollion ar led,
    ond yn
        anweledig?

VI

Eto, cerddwn y cloddiau,
bywiogi wrth i lysiau'r gwaed
roi gwrid ar ruddiau, a chroeso
melynllys yn estyn ei llaw,
llaeth y gaseg ac ysgall.

Llonyddwn wrth eu gweld,
gan ddweud dan ein hanal
mor enfawr yw'r byd bach
                    afloyw.
                Eto,
                    glasach nag erioed.

Carco yn y crem

Fy mechan, lle rhyfedd i fod
bnawn Gwener yn Ionawr,
yn y cerbyd stond gan hwylio'r

awr i ni ein hunain. Byd
o ddychmygion sy rhwng ein dwylo,
pob rhuglyn yn syn o'i siglo

nes troi'r sain yn wên. Y tu draw in
mae eil i alar, mintai ddwys
yn dystion i un sy yno'n gorffwys.

Nid fel nyni. Dianaf ydym,
wedi ein rhwymo gan wregys a ger clawdd
nad oes terfyn iddo. Sbia, mor hawdd

yw oes gwahaddod. Twmpathau glân
yn gorseddu'r pridd. Partïon o bridd,
sy'n deffro eiddigedd am einioes gudd

y rhai sy'n twrio'n is ac yn is, lawr
i'r dyfnder mawr wrth ail-fyw anadl,
ailgylchu aer a wnânt gan estyn hoedl.

Y rhin yna, nid yw'n eiddo i'r ddynolryw.
Harddwch y llwch yw'r hyn a'n dwg ni
i le fel hyn. Wedi ein magu i'r mwg

sy'n diflannu bywydau. Cerrig sarn gerllaw.
Mor falch wyf na wyddost yr awr hon
baldaruo dy warchodydd. Cwsg yn fodlon.

Tragwyddoldeb yw ennyd o syllu ar blentyn
a dry weddill ein dyddiau yn fellt ar laswelltyn.

Rhyfel a heddwch

(gan gofio gweithio yn Donetsk a Kyiv, 2009)

Trafferth rhyfel yw y bydd yn rhaid
i 'rywun, rywbryd, lanhau'r llanast' –
greddf gwraig, oed gŵr, a'r adladd
o gofgolofnau: fel pob 'dyn jocan',
chwedl fy mab yn iau wrth in hwylio
heibio i ddyn â'i ddryll yn ei law ar sgwâr Aberbanc.

A heddiw, â'r dynion mewn tanciau,
rwy eto yn Donetsk yn diolch am gofeb
sy'n gwmpawd im gyrraedd croesffordd.
Troi i'r dde a wnaf gan estyn 'bore da' i Lenin –
surbwch sy'n crynu dan ôd heddychlon yw –
mae dilynwyr selog yno o hyd: colomennod
sy'n curo adenydd ar ei gorun, plu aflonydd
ymysg eira mân, sy'n troi'n eira mawr.

Daw merch o Odessa heibio a chyd-deithiwn
i'r coleg – chwardd wrth fy ngweld ar bigau
drain dros iâ crisial – hi yn ei bŵts tal a sodlau main
yn brasgamu dros 'esgyrn' brau gan brofiad oes.
'Pa esgyrn?' holaf. 'Chwalwyd cerrig beddau'r
Iddewon fel seiliau er mwyn mawrygu ei gofeb.'

A heno, rwy'n meddwl am y rhain, fel i mi
chwarae ar enw fel Odessa gan ddweud mai 'ôd'
oedd ond mai 'tes' a ddaw iddynt wedyn.
Cael hwyl yn sarnu geiriau'n slecs a wnawn,
eu dychan iach am ddiffyg Wcraniaid
mewn grym i ddysgu eto ddull Rwsia
o frowlan celwydd fel pe bai'n wirionedd pur.

Pur? Mae 'dynion jocan' ar daith, ac anrhaith
ar waith ... er mai cytsain neu ddwy sy
rhwng twyll a thywyllwch, rhwng rhyfel
a rhifo'r meirw a rhwng enwau hudol
fel Donetsk, Odessa a Donbas –
all doddi i wres anal mewn eiliad y rhai
                              sy ar bigau drain.

Stafelloedd

*'Yr wyf wedi dweud yn aml fod holl anhapusrwydd dynion yn codi
o'u hanallu i ymlacio'n dawel mewn stafell' – Pascal, Pensées*

Stafell dywyll a hoffai Mam-gu,
eisteddai gyda'r nos yn y gwyll
yn llawen heb dynnu'r llenni;
gwyliai ffrydlif y ceir ar y lôn,
sain cerbydau'n asio i'r fflamau,
llwyth o dân yn cydbyncio.

Stafell olau oedd cegin fy mam,
gan ddiweddu dydd arall yn gwau
ger y tân, ein dillad glân yn crasu
ar silff grog a haliwyd i'r nenfwd
ac islaw, bwrdd llawn yn ei bryd, lle
bu blawd a bendith wrth iddi fesur
llaw, amcan llygad – nawr yn llonydd.

A stafell ddwys-olau'r lamp fach
sydd i mi, heb fod yn wyll nac
yn wawl ond yn taflu cysgod
drosof ac o'm blaen len lachar
y sgrin sy'n cynnal dim ond bawd
a bys, heb fod ar frys, cans oed
ac oedi mewn myfyr a wnaf innau,
cysgod claer y ddwy a fu, ar fy ngwar
yn taflu goleuni eu ffydd a'u ffawd,

gan lanw'r conglau gyda nwyd
a nod wrth ddwyn i gof y ddwy
a'm dysgodd yn dda sut i gyfri
holl oriau einioes mewn cadw-
mi-gei o gerddi gan ymsona â
mi fy hun ac yno, gyfaneddu
gan ennill eu mawl mewn lle
heb nac allwedd
                na'r un clo mawr.

Molawd i flawd

'Rhydd fara dealltwriaeth iddo'n ymborth' – Llyfr y Pregethwyr

Yn deulu hapus ar aelwyd
trown tu min at y pared,
ffoaduriaid ffodus, dan do;
troi at waith ein bysedd,
mynnu blasusau rhad
a bendith wrth y bwrdd;
llawenhau wrth gofio'r had
a'r hau, ei ryddhau i'r pobi
a wnaed o 'effa o flawd
a photel o win', wrth ddod
ynghyd fel un, yn gytûn.

Try ein Sul y Blodau
yn fore i'r bodiau,
tylino â dwylo pur
a chwilfrydu ei gynnwys
yn ddwys o ddirgel;
bron na theimlwn ryw
rin o'r Ysbryd Glân, ar waith.
Didolwyd, a holwyd burum
beth oedd 'Gras' a chrasu
drwy'r oesau – o fara croyw
i fara cystudd gan ddeall y Gair –

'Nid ar fara yn unig y bydd dyn fyw'.
Eto, gwyddom, wrth i'r popty
gynhesu, y bydd disgwyl
y dröedigaeth faethlon.

Yna, esgyn wnawn oll
i'r ystafell, o law i law,
i wledd yn hedd yr hwyr,
'Cymerwch …' medd llais distaw, main,
'yn fy enw i.' Ac felly y bu ac y bydd.

A'r ymwelydd anwel, efallai?
Estynnwn gadair wag, rhag ofn,
a gadael i obaith wneud ei briod waith.

Dim Sul y Blodau
(2020)

Roedd y neges yn glir:
bydd, fe fydd Sul y Blodau
yn dawel eleni. Dim plygu
dros feddau, yr ymweliad
blynyddol, wrth dynnu
chwyn, a gwenau swrth
rhai a fu, bendith arnynt,
yn gymdeithion triw.

Dim llestri dur sigledig,
dim tusw dan seloffên
wedi ei ddiosg ar frys o'r garej,
dim pwynt canu 'Where have all the flowers gone?
Long time passing' eleni.

Pasio. Maen nhw wedi mynd.
A phob Pasg awn ar hyd y lôn
gul i Gwm-pen-graig
i osod blodau ar fedd y teulu,
Mam-gu, Dad-cu, yn nef
eu cynefin. Chwarddwn
wrth gofio Mam a 'Nhad yn smalio
ein cosbi drwy ein claddu yno
gyda nhw, ryw ddydd, mewn lle anghysbell;

yn daith droellog ar hyd y feidir garegog
flynyddol. Ond heddi, ni biau'r jôc.

Dewis wnaethant y *Crem de la crème*. Amen.

Felly awn ni ddim eleni –
'teithiau angenrheidiol' nid ŷnt i'r meirw.
Dim Sul y Blodau, na'r un stamen las,
nac i'r fodryb feudwyol adawodd ei chyfoeth
i'r cenhadon mewn mannau pell i ffwrdd.
Am flynyddoedd, melltithiem hi,
nes clywed mai elusen cathod a gafodd
bob clincen o'i harian, er nad oedd yr un
bawen yn eiddo iddi. Ond mynnai fy nhad,
y gweinidog i'r diwedd, mai arfer 'gras'
y dylem a'i phereiddio â phetalau drud.
'Dim cennin Pedr,' meddai'r fodryb arall,
'neu fydd clonc y plwy'n mynnu
inni eu dwyn o'r clawdd gerllaw.'

I Mam-gu a Dad-cu, felly, mewn dyddiau teg –
gladioli ddewisem,
eu rhwysg ymysg y marmor yn brolio eu bro.

Ac eleni ar Sul y Blodau
byddwn yn ddistaw-lonydd:
dim baglu dros gerrig beddau, lefel ysbryd
ar slent o'r stormydd; dim mân siarad
na chleber, dim rhincian dannedd
na'r sawl a fyn arthio am gyflwr pob bedd.

'I beth mae'r byd 'ma'n dod?'
fydde'r gri arferol, a chytuno wnaem,
ochneidio ac ochrgamu gan wybod
yn iawn y bydd yn dod, yn hwyr
neu hwyrach, amdanom ni oll
a'r un pant yn y ffordd, fel o hyd.

Anadl einioes

*'Mae dy gerddi yn cychwyn yn aml iawn gydag 'A' fel pe bai dy holl
gerddi yn un estyniad, fel y Salmau, yn parhau' – Elin ap Hywel*

A gwelodd rywbeth na sylwais i.
Yr 'a' sy'n agor genau gyda mawl.
Aria sy'n unawd hynod, yn anadl
nid o'r anialdir ond o'm hymysgaroedd
yn cyhoeddi yr ochenaid sydd o raid
yn ddiddiwedd, yn ymddiddan
fel y gainc ddaw o seinfwrdd y delyn
yn arllwys yr 'a' yn fendith gyda'r nos,
yn wlith y bore gân, acasia ac aethnen,
yn ysgwyd yn grynedig, *arpeggios*.
A thro arall, yn wawch tannau hyd ei gwddf,
cyn rhoi dwy law at ei gilydd, llonyddu'r
offeryn methedig, *meno mosso*.

Dyddiau'r clo

Dal anadl a wnaethom drwy'r hirlwm,
yr anadl rhag curiadau'r estron arnom,
yr anadl yn destun mwnt o dosturi,
yr anadl yn eiriau dros ysgwydd,
yr anadl fu'n peri'r loes a'r poeri llid,
yr anadl drodd yn ing, i'r ifanc a'r hen,
yr anadl ni edy na rhybudd nac anfoneb.

Digon i bob dydd ei anadl ddrwg ei hun,
a daeth ystyr newydd i 'falu awyr'.

Anadlwch

Âi â ni'n tri yn blant
i ben clogwyn
ym mro Gŵyr,
goleudy'r Mwmbwls
yn synnu atom,
yn crynu'n yr oerwynt.

'Anadlwch nawr'
oedd ei mantra,
a chwarddem ar sylw
hanner call a dwl cyn
tynnu atom yr anal hir:
halen y môr yn ein hiacháu,

a dychwelem yn ddistaw,
consertina pob ysgyfaint
yn nodau mwyn, a'r anadl
einioes a roes hi i ni
yn sypiau ei sudd egroes,
hirfelys oes ein nosau.

ICU Glangwili

'My hand in yours no more will change, / Though you change on' – *Edwin Muir*

A dal fy anadl a wnaf
yn awyrgylch yr uned
gofal dwys, cans hafan
cynnal bywyd yw,
fi yma yn fy myfyr,
yr awyrydd a minnau'n
ddeialog rhwng seibiau
gobaith drwy linell pibellau,
yn disgyn esgair cyn esgyn
ambell wich, ambell wib,
yn creu arswyd am yr ing
mwys-ara ei awgrymusrwydd.

Sawl degawd y cenais
gerddi am chwaeroliaeth?
Er mai dim ond un chwaer
oedd yr oll i mi: hyhi,
mor ddestlus ei delwedd
sut i fyw gyda dolur,
gan chwerthin ar droeon
yr yrfa – onid hi oedd nerth ein perthyn?

A dyma ni nawr, tithe ar dy orwedd,
a minnau'n cofio Mam yn mynnu
'anadlu' i wella'r pas a'r peswch.

A fedra i mo dy gario
i'r Mwmbwls mwyach,
na rhoi i ti anadl o'm hanadl,
dim ond oedi ar lan allanfa ...
A, a, ac – aros wrth ddistyll y don.

Anadliadau tawel yr anwybod

Wedi ei cholli, deall wnes
mai anadl o'r ucheldir
yn y capel oedd yr awelon
hynny a'm cadwodd cyhyd.
Rhywbeth fel ffydd, efallai,
yw'r anadl yn erbyn dadl
ein dydd, ein torri yn rhydd,
esgyll am aer y 'tu hwntdod'
sydd yn ein codi – gan roi
ystyr newydd i'r Ysbryd.
Nid y Tad, nid Duw na'r
Forwyn Fair na'r Fam Eiriolydd;

y Tu Hwntdod a'r *Ti Hwnt* i ni ydyw,
sy'n dyfod atom yn dlawd,
rhoi i ni anadl – ysbaid Ato.

I gofio Siân Elfyn Jones

(1943–2020)

Hi hynawsed ei hanesion, – hi ddoeth
    wrth ddethol atgofion;
  yn ein plith, hi'r bendithion,
  hi ein llais a'n henaid llon.

Buchedd Siân

O ddalen i ddalen
anwylodd lyfrau da:
cyfrolau, nofelau mawr.
A chaem hwy yn ein tro
yn ail-law i bori ynddynt,
a'n cymell i'w cymryd
yn faeth i fod mor
ddysgedig â hithau.

Ond y cofiant mwyaf
yw'r un sy'n rhy drwm
i'w gario.
          'Buchedd Siân'.
Ac yn y clasur ceir atgofion,
rhai a aeth yn angof,
dywediadau ffraeth,
adnodau gorgynnil.

A'r gyfrol gyfrin hon
yw archif ein naratif ni.
Nid chwaer na modryb yw,
ond pen y teulu heddiw.

Eto, er cyrraedd oed yr addewid,
i ni, nid yw byth yn newid.

Wedi'r glaw

('After the Rain', hoff bersawr Siân, fy chwaer)

Ar ôl y gawod,
o law i law.

Llygaid sych
wedi'r ddrycin.

Agoraf gostrel
o'i hoff awelon,

dafnau ar groen –
o'm gwddf i'm garddwrn.

Nodau arogl y rhosod,
leim a sandalwydd,

aer y môr – Ynys Arran,
ei hynys Afallon

mor bêr ei sawr,
chwa ei hanadl:

pêr-yw-sôn
am y person;

ei llofnod anniflan:
lledred ei lledrith

sydd yn fendith
ymhlith awelon ei hoes.

H'm – hymian

(wedi i ddosbarth hymian 'Pen-blwydd Hapus' yn yr ysgol gynradd
i blentyn ar fore ei ben-blwydd tra'n byw dan reolau Covid)

Ac o'r 'h'mmm' ddaw o'r ddwy wefus dynn,
melys yw'r 'h'm' sy'n hymian
fel emyn y Swmeriaid i'r Greadigaeth,
unwaith, cyn oed Crist.

Heddiw, caiff plentyn glywed yr 'h'm'
a'r 'm' yn asio'n e-*m*-au o nodau
heb na gair nac aer, ond cegau ar gau
yn llawenhau heb yr un llef gref,
dim ond suo gân isel fel hwiangerdd,
neu adar y si ar frigau'n sisial
blaenffrwyth eu neithdar.

'H'm, h'm' ...
hymian ddaw o anian plant bychain
yn gydradd o gytûn, a'r alaw
a ddaw o'u murmur 'h'm'
yn herio awel lem heb alarnadu
ar adain ugain ugain eleni.

Hymian gyda fy mam

(Rachel Maria, 1917–2003)

All degawdau lithro heibio
mor ddidaro, nes cofio
sawl alaw a gollwyd
heb aria Maria fy mam.

Do, rei, mi, ei solffeio hi
 a ddychwel im weithiau,
hanu wnes o'i hanal hi:

hi, y cerddor siŵr ei chywair,
yn hymian emynau gyda mi
ar y galeri – a'i llais
yn toddi'n un â'r lliaws.

'Y Rihyrsal Olaf',
a'r côr-feistr yn mynnu ein bod ni'n
suo'r capel i'r nefolion,
heb eiriau, namyn
 alaw
 a murmur
 mwyn
 a'u hidlo i'w hoedl olaf.

Y goeden ellyg, y Mans, Pontardawe

(er cof am fy mrawd, Geraint, a fu farw ar y 13eg o Chwefror, 2022)

Fel fy mrawd mawr, doedd neb
yn dringo canghennau'n well na thi;
yn ein perllan i fyny fry roeddet
ymysg y gellyg, dy draed ar astell,
yng nghôl y golfen bêrs a'th drem
drwy ddellt i'r wybren, uwch dy ben.

Rhwng nef a daear, dy febyd oedd yno
a'th feddwl ymhell, ti'r glaslanc tal
a'r gorwel yn dy alw ato gan bwyll
bach, ac at ffydd, i'th achub rhag cwymp:
gorseddfainc gras a ddaeth i'th dywys
at Groes ysgarlad ac at Bren y Bywyd.

A bellach, esgyn wnaethost i dir uwch –
dy ddringfa i'r Noddfa, o'r ddaear i'r nef,
yn llaw dawel yr Un sy'n estyn ei drugaredd
gan dy ollwng o'r ardd a'r goeden deuluol:
dwyn ffrwythau ddaw i'w cynnal hwy – cynhaeaf
llawn sudd melys, pob peren a fu ac a fydd –
                                  yno'n *geraint*.

Dwy chwaer ar Nos Wener y Groglith

Ble arall fyddwn i ond yma gyda chi?
Anghofiwch am yr holl weiddi gwenwyn tu allan,
mae'n hwyr glas – a bydd eu lleisiau cras yn distewi.

Dyma dorth i ni rannu â'n gilydd a llaeth gafr
ffres a gefais gan chwaer arall.
Dwy weddw ydym, wedi'r cyfan, a rhaid cadw i fynd – a dal beichiau
ein gilydd sy raid, a dal dwylo gyda gweddi dawel am ein meibion.
Dwy fam ŷn ni, wedi'r cyfan, heb hatling rhyngom, dim ond atgofion
sy'n drysoredig erbyn hyn.

Galwr rhy gynnar yw galar,
a gair rhy oer yw angau, ond gwn beth ddywed eich calon.
Do, mi wn ichi ei fagu'n dynn ac yn dyner
a'i gariad atoch, roedd e'n pefrio'n ei lygaid;
ei gofio'n cerdded llinyn o raff uchel dros y deml yn blentyn
a'r dorf yn ofni, yn banllefu y byddai'n cwympo.
A chithau'n ei ddwrdio, dal eich calon yn eich dwrn 'run pryd –
a fe am ennill i chi ambell ddarn arian am ei wrhydri.

Tewch, does dim eisiau edifarhau drosto,
afon ddofn yw dagrau.
Ar amrantiad, byddai wedi ei fendithio
achos wedi'r cyfan, cafodd ei ddewis yn ddisgybl.
Pwy a ŵyr nad yw ym Mharadwys bellach?

Dewch gyda mi fory i gwrdd â'r chwiorydd.
Na hidiwch amdanynt, arfer gras a fyddant,
mae bywyd gweddw yn ddigon garw.

Am heno, mi wnaf gysgu dan len ar lawr yma
rhag i ddihirod eich plagio eto.

Ac yfory, af i gasglu dŵr o'r ffynnon drosoch,
dod ag olifau a phomgranadau'n ymborth i ni;
os gofyn rhai pam rwy'n cadw rhan Mam y Bradwr,
dywedaf, 'Pwy sy'n dirnad ei gamweddau?
Ewch adre gyda'ch beiau cudd'.

A llawenhewch. Ymdawelwch,
Ma-ra-na-tha. Daw fy Nuw.

Ann Griffiths

(o enau ei morwyn, Ruth)

'Gad imi fyw ynghanol pob rhyw bla,' dyna'i geiriau untro,
a finne'n ei holi – pa bla oedd ganddi yn ei meddwl?
'Myfi fy hunan yw fy mhla,' meddai, cyn dweud ei bod
am gael moddion gras i wella, 'yn wyneb pob caledi'.
Pa 'galedi'? A beth yw 'byw'?
Rhyw feddyliau fel 'na ... a'r ddwy ohonom
ar ein gliniau ar derfyn dydd, a'i geiriau,
'O am fywyd o sancteiddio.'

Roedd hi'n llawn dyheadau ac yn gweiddi angerdd.
Y cur, y fflachiadau ar draws ei llygaid fyddai'n ei dychryn,
cyn iddi sgraffinio cefn ei llaw â'i hewinedd:
ymgais i yrru'r boen ar ffo – dim byd rhy egr –
yna'r gwayw yn lleddfu, y dwndwr yn diflannu,
a hithau'n llonyddu eto â'i geiriau, 'llechu'n dawel yn ei gysgod'.
Gwrid rhosod eto ar ei gwedd, fel 'rhosyn Saron'.

Chi'n gweld, roedd ganddi ddwy iaith:
iaith gwenith a barlys a iaith y nef a'i drws agored.
'Anwahanol,' meddai droeon, er na ddeallais ei ffordd o siarad.
Ai rhoi enw newydd arni hi ei hun oedd hi? ANN-wahanol?
Ches i ddim ateb. Ond byddai weithiau'n clywed llinynnau a thannau
o'r tu mewn i'w mynwes;
lleisio mai ffordd y Groes o guro arni oedd,
a chwarddai o feddwl iddi roi o'r neilltu ei hoffter o ddawnsio.

Onid oedd yr angylion yn cael dawnsio uwch ei phen?
A dyna a wnaem ni'n dwy ar y mynydd, weithiau,
gan gredu i Dduw alw arnom i seinio tympanau a gweithio ffliwtiau;
ni'n dwy'n y grug a'r gors yn canu i'r pedwar gwynt.

Ond wedi iddi ddeall ei bod yn cario bychan,
aeth yn dawel –
fel pe bai'r holl bwysau yn ei llethu.
'Gwna fi fel pren,' meddai untro a finne'n ei hatgoffa
mai dywediad am y gwan ei feddwl oedd dyn fel 'pren'.
Ond mynnodd mai 'pren planedig' oedd hi am fod,
un llonydd ar lan afonydd ir ...
Roedd hi'n caru'r syniad o ddyfroedd byw.

Ond wedyn, aeth bwrn bywyd yn drech na hi,
a hithau â dychmygion o bob rhyw.
'Colli'r dydd yn wir a wnaf,' meddai wrth i'w hamser nesáu.
A gwir ei gair, mor aml,
geni un yw marw merch.

Ches i ddim mynd i'r angladd,
ond gwingais o gofio'r sgwrs 'gwna fi fel pren'
wrth weld yr arch fechan yn cael ei chario allan o'r tŷ.
Rhy ifanc i farw oedd hi, ond rhy friw i fyw hefyd.
Anwahanol bellach, efallai?

Chwedl gwraig Teyrnon

Colli cwsg oedd y golled gyntaf,
yntau'n taeru i rai fwrw melltith
ar ei gaseg ym mherfedd nos.
'Diraid ydym,' meddai,
'a'n tynged yw'r crud gwag.'
Oerodd fy ngwely innau,
wylo'r oriau wnawn,
ysgyrion rhwng morddwydydd.

Yna, un noson leuad goch,
y trwst annaearol,
a rhwng ei gamau breision
a'i anadl yn gyffro,
yno, yn ei ddwylo
tu ôl i sidan crych,
un pefryn mewn bwndel bach.
'Rhodd o'r goruchaf,
arwydd i'r ysbryd drugarhau,
rhoi coron i ni o'i gorun cu.'

Chwarddais. Tafodrydd
a brwd oedd Teyrnon,
ysbleddach o'i ach.
Ond nid wyf am achwyn,
cans nid ffôl mo'i orfoledd,
daeth eto'n gywely,
aml y clywn ef yn suo,
'chwid, chwid ... o groen bela.'

Deffrown ambell awr
a'i weld yn syllu arno'n
swatio rhyngom.
'Oes cysur mwy, dwed i mi,
na'r wên ar wyneb epil
gyda breuddwyd yn ei lygaid?'

Prifiodd y bychan yn llanc,
llam a phaladr parod,
yn dilyn ei dad i'r wig,
naddu ffyn, gweithio cewyll.
Cans mab a roddwyd i ni,
un rhyfeddol fel na allai
atal ei leferydd amdano –
hyd nes i'r swae droi'n siarad
mewn dwrn, a daeth si arall
am golled ac iddi benyd,
mai ei heiddo *hi* ydoedd,
'nid eu haeddiant hwy'.

Gallaf gofio'r ymadael,
lleihau tua'r gorwel
fel adenydd gwenynen.
Aroglais ei obennydd
a'i anadl pêr arno,
plygu'r dillad a sgathrodd
wrth ddringo'r llethrau.

A iau anesmwyth oedd cilgant y lleuad.

Trwst a mwstwr mwy
a ddaeth ddyddiau wedyn,
'Ie, mab a aned iddi,'
meddai, 'ond cawsom ninnau
ran yn chwedl Rhiannon.'

Bûm yn malu grawn drwy'r bore,
yn gloywi pob llestr,
tynnu piser o'r ffynnon.
Yn ei chwmni hi
y daw yfory.

Gwn y byddwn
yn ail-fyw pob sill,
wedi sylwi ar bob ystum,
a bydd ein gwely'n gras –
y lleuad yn ei hwyliau,
a'r nos yn felys
                   ... gan hirbarhau.

Y gwir yn erbyn nodwydd greithio

(wrth feddwl am fam Hedd Wyn)

Yn rhy ddiweddar y down at wirionedd
y Rhyfel Mawr, ei waddol a'i weddwon.
Amddifaid oes newydd ydym – y rhai
heb adnabod y llu a aeth o'r caeau glas
i'w galanas. Pob tafod unig, heb dyst.
A thu hwnt iddynt? Cofio yn ôl a wnawn,
y 'neb nid adnabo, nid adnabyddir'.

Eto, gwyddom yn rhy dda am hen ddwylo
ar aelwyd ymhell o'r drin,
yn gwau'n glòs ei gwead edafedd dwy gainc
wrth asio pwythau i'r chwith, i'r dde,
a cholli mwy wrth blethu patrymau
yng ngolau egwan y gannwyll.

Cyfannu o'r newydd a wnânt wedyn,
i sain gwich a gwawch y gweill
nes i'r dafe ddirwyn i ben a distewi.

O hyd mewn hyn o fyd bydd un yn dinoethi dyn i'w dranc,
ac mewn man arall, fysedd yn caboli gwisg einioes llanc.

Mamau benthyg

(er cof am Hettie Ann, Llwynhelyg)

Mewn cartrefi ar draws
ein gwlad, mae gwragedd
sy'n 'bopa', yn 'dodo' ac yn 'anti':
tylwyth y mamau benthyg.

Y rheini sydd yno'n rhannu
gofal gydol eu dyddiau,
yn cyweirio'n ddistaw
dannau tyn a chras,
y bychain hyn – hwy yw'r

alawon sy'n codi canu
a'u dwylo'n anwylo eu suo'n
syn o'u swnian, eu cyffroi wedyn
gan roi diddanion i liwio'r
          O R I A U

O, fel y canaf bennill mwyn
i'r neindod, y rhai sy'n amlhau
amynedd mamau wrth eilio'r magu.
Mor ddi-ball eu pwyll, o fryd i hyd
eu gwraighydri gan dangnefeddu'r
          O R I A U

Bob bore mae hen adnabod
yn rhodd o'r newydd,
gwawrgan merched eraill –
rhai yn eu hoed a'u hamser:
hwy, a blyg lieiniau'n llyfn,
y mamau ymhlyg ar ben eu tennyn:

dau ben plentyn ynghyd – neu fwy,
mor hynod yw eu hamynedd –
adennyn sawl hedyn am
                    O R I A U

Fodrybedd, nid o waed y daw'r hyn
a gaed o glorian cariad;
seiloffonau o wragedd.
Aneirif – nid un Aneirin –
sy yn llên y lluoedd hyn;
rhai fu dan len, dan lawes;

ac nid ar hap y daw epil
i gôl y wraig i fwyno'i chalon;
haen o gadwen yw, a'n hanes aur o
                    O R I A U

            *

Maent fel Llygaid y Dydd
y byddem ni, blant,
yn eu rhwyllo ynghyd;
eu clymu dros wddf,
cyn dod i oed a chamu
heibio iddynt heb holi,
'i ble aeth glesni ddoe,
man y mae meillion a gwlith ar dirion?'

Wragedd ein gweirgloddiau,
pa rodd fwy dihafal sy na'r haf
                    a'r glas O R I A U ?

I Meilyr yn ddeugain oed
(2021)

Fy mab yn dy ddeugain haf, diolch wnaf
it ddyfod yn ddyn yng nghysgod dy dad,
yr hwn a'th fagodd â'i addfwynder braf
gan arllwys ei gariad yn ddinacâd.

A thithau bellach yn dad erbyn hyn,
yn eilun dau grwt sy'n dilyn dy droed,
ti nawr gei'r pleser o'u magu yn dynn
i barchu eraill o bob rhyw ac oed.

Cawsoch fendith un – yn gymar a mam
i'ch tywys ar siwrne nad oes ei hail,
hi yno i'ch gwarchod o gamp i gam
ar aelwyd a grëwyd yn gadarn sail.

A dathlwn dy flwydd gyda'r ddynol-ryw
a'r gobaith am 'fyd' teg sy'n werth ei fyw.

Genedigaeth-fraint

Mae rhyw eni gwyrthiol yn digwydd bob dydd,
fel y llanc aeth â'i rieni i'r llys am iddo gyrraedd
y byd yn erbyn ei ewyllys. Iddo ef, cwymp oedd y tymp.
Cafwyd gwŷs, ac aeth yr achos yn ei flaen.

'Wnes i ddim gofyn am gael fy ngeni,' oedd ei gri.
Cri mwy dolefus na'r un a roddodd pan aned ef.
'Rhaid i mi gael iawndal am y weithred anghyfiawn
o'm llusgo i'r byd gerfydd fy ngwar.'

Plediodd y fam yn euog o flaen y barnwr
ac meddai wedyn – y tro hwn fel ei thwrne ei hun –
'O'r holl achosion a gymerais, hwn yw'r un mwya' digri.'
Ac yna, fel tyst, adroddodd hanes ei enedigaeth, fel y cofiai ef:
ei bru aflonydd, yna, ei bri a'i braint o'i ddal ar ei bronnau
yn ei sugno'n sych, cyn troi yn dwdlyn, yna'n llencyn
a bellach yn oedolyn myfyrgar, deallus.

Ysgwyd ei ben a wnaeth y barnwr.
Ni welodd y fath sefyllfa yn ystod ei holl yrfa faith.
'Sut ydw i i fod i ddyfarnu rhwng yr amddiffynnydd a'r erlynydd?
A sut mae dod rhwng mab a mam, pwy sydd â'r hawl derfynol?
Yn llaw pwy y mae ei amserau?'

'Eich Mawrhydi,' meddai'r fam, 'beth bynnag fydd y dyfarniad,
dysgais ef yn dda i herio pob annhegwch.
A dyna'r rheswm pam ein bod ni yma heddi.
A gyda llaw, daethom yn yr un cerbyd
am na all yrru a dychwelwn adre i'r un lle,
a gwn yn dda, beth bynnag fydd y ddedfryd,
euog neu ddieuog ...'
'Ie?' holodd y barnwr.
Yna, yn bwyllog dywedodd, 'Os bydd iddo ennill,
fi fydd yn talu'r costau a'r iawndal,
felly byddwch yn dosturiol wrtho.
A hwyrach y deallwch yn awr pam mai fe
                          yw f'unig-anedig.'

Cerdd gocos

Hi oedd y wraig wrth ein drws,
hwyr brynhawn, basged mewn llaw,
lliain gwyn yn orchudd
fel Cymun heb ei godi.

Yna'n sydyn, clegar o gocos,
islais o 'fara lawr'
ar bapur di-saim,
a'r fargen ar y ford.

Adeg swpera wedyn,
byddai Mam yn arllwys
tosturi at y wreigan
ar daith o Benclawdd i Gwm Tawe
mewn bws decer dwbwl.
A theimlo'r rhyddhad
i'w siwrne tua thre
fod yn ysgafnach:
sylltau yn lle cregyn ...
wrth i'n ffyrc anturio'n ffyrnig.

Mae ei gwên gyda mi o hyd,
yn toddi i groeso fy mam;
dwy siâp calon fel cocos,
y rhai fu'n adeiladu
eu tai ar dywod
cyn i'r llanw daenu
ei gotwm ei hun o ewyn.

A'r wraig gocos?
Tonnau gwallt a olchwyd dan het,
a'i siôl yn rhidens ar draeth,
machlud ar ddŵr,
fel finegr brag da
sy'n brathu gwefus.

Awelon haf bro Gŵyr
yn chwythu ein mynd a'n dyfod –
gan ddadbacio ennyd o bicnic.
A'r llun rhyfeddol hwnnw
ohoni'n llenwi'r peint cwrw
drosodd a throsodd,
fel diniweidrwydd yn disgyn
nes i'r gwydr niwlog
lwyrymwrthod,

yn wag.

Wnaiff y gwragedd aros ar ôl?

(1983)

Oedfa ohonom
yn wynebu rhes o flaenoriaid
moel, meddylgar;
meddai gŵr o'i bulpud,
'Diolch i'r gwragedd fu'n gweini.
Ie, gweini ger y bedd,
wylo, wrth y groes –
ac a wnaiff y gwragedd aros ar ôl?'

Ar ôl,
ar ôl y buom
yn dal i aros
a gweini
a gwenu a bod yn fud,
boed hi'n ddwy fil o flynyddoedd
neu boed hi'n ddoe.

Ond pan wedir unwaith eto
o'r sedd sy'n rhy fawr i ferched,
'Wnaiff y gwragedd aros ar ôl?'
beth am ddweud gyda'n gilydd,
ei lafarganu'n salm newydd
neu ei adrodd fel y pwnc:

'Gwrandewch chi, feistri bach,
tase Crist yn dod 'nôl heddi
byse fe'n bendant yn gwneud Ei de Ei hun.'

Glanhau'r capel

(efaill i 'Wnaiff y gwragedd aros ar ôl?')

Rhai glân oedd y Celtiaid:
tra oedd darpar saint mewn ambell le
yn troi at sachliain a lludw,
roedd y Cymry yn llawer mwy cymen,
yn diosg eu hunain at y croen,
wrth ymolchi, canu, ac ymdrochi mewn baddondai
a'u galw yn gapeli.

Iddyn nhw, roedd yr Ysbryd *yn* Lân,
glanhawraig â'i lliain mewn llaw,
pibau'r organ yn amsugno'r drygioni;
heb na thrawst ar draws llygad neb,
na'r un fflwcsyn yn agos i'w traed.

Nid moli a wnâi'r Cymry
ond moeli'r adeiladau, nes teimlo
rhyw gawod ysgafn – gwlithen fach
yn chwistrellu chwaon cynnes
palmwydd dros bob enaid glân.

Yn y sedd gefn, wedyn, a alwem y Bad –
jacŵsi i'n bywiocáu, a'r canu'n iach
wrth i ni fynd tua thre yn ddifrycheuyn.
Bron na chlywem y ffenestri'n cellwair
a farnais y seddau'n chwysu dan eu sglein.

A Hithau yno'n chwerthin ar bob enaid byw.

Glanhawraig yn yr Amgueddfa Genedlaethol

(wrth lanhau 'Y Gusan' gan Auguste Rodin, un o drysorau'r chwiorydd Gwendoline a Margaret Davies, Gregynog, sydd bellach yn yr Amgueddfa Genedlaethol yng Nghaerdydd)

Wn i ddim beth i feddwl,
wfft i shwd grefft weda i,
i feddwl i ddwy chwaer
ei brynu. Roedd eisie clymu
eu pennau am wneud y fath beth!
'Teetotal Methodist spinsters'
yn ôl y sôn. Dau'n caru'n dynn
yng ngolau dydd, fan hyn,
mae gweld wyneb ambell un
yn bictiwr arall. Ond fi sy'n
gorfod glanhau, a bydda i
yn tynnu cadach drosto,
a chau fy llygaid, weithiau.

Gas gyda fi ddweud wrth
fy ngŵr pan mae'n holi,
'Beth wnest ti heddi?'
Sut allwn i ateb, 'Wel,
twtio dyn yn ei ddeheubarth!'

Pa ffordd arall sydd
rhwng be chi'n galw
a'r holl goesau?
Bob ffordd rwy'n dwsto
maen nhw'n labswchan –
a synnech chi pa mor hir
mae ambell un yn sefyll yn stond.

Talu arian mawr, talu'n ddrud
am gariad – wfft i shwd grefft!
A nid bob dydd, sbo, rych chi'n
dala dau'n caru mor ddigywilydd.
Noethlymun hefyd, heb bilyn
na blewyn yn agos iddyn nhw.
Ond 'na fe, sneb yn marw
mewn marmor, medde un
dan ei anal cyn troi ar ei sawdl.

A phwy ydw i i gynnal dadl?

Dŵr

'Oes gair na allwch ei roi mewn cerdd?' – myfyrwraig

Caraf her yr ymholiad
am destun annhestunol.
Beth am y weithred a red
drwyddom mor anwel ag anal?
Y ffordd yr ymwahanwn,
cyn uno eto, yn gytûn?

Awn yn dawel i'w gynteddau,
nid â mawl, ond â'r hawl hy:
yr anhysbys ddihysbysiad.
Daw i fod, o orfodaeth,
a'r gollyngdod, onid
ein hanfod yw?

Yna, dychwelwn i'r byd
wedi ein hadnewyddu.
A'r llif? Nid yw'n un llafar,
nid yw'n weddus ar wefus
i leislo ei gytseiniaid.
Si neu sibrwd sy orau,
'P-shhh, *pissoir, pee*';
i barchusion, rheg yw,
      yn air aflednais,
            'piso'...

'Dŵr' oedd gair fy nheulu,
a 'thŷ bach' yn ein tŷ mawr.
'Cynt y câi dryw biso yn y môr'
nag yng nghlyw eu tafod-leferydd,
'Piso mochyn yn yr eira',
igam-ogam ei gam ond camwedd –
'fel piso yn erbyn y gwynt'.
A wyddwn i ddim nes dod i oed
beth oedd 'codi pais ar ôl piso'.

A heno, crëwyd cerdd
wrth wrando ar fardd ar sgrin
yn hawlio'r awr i'w awen,
a minnau'n croesi bysedd – a choesau –
aflwydd ddyfroedd aflawen.

Ac rwy adre eto yn y Mans,
yng nghlyw chwerthin iach fy nhad
wrth adleisio gair cymdoges
ei bod hi'n 'pissh-tyllo bwrw'!

Bellach, ei llais a glywaf innau –
yn hap pur wrth gymryd y piss.

Mawl i gymeriadau llên a chelf Llandysul

(gydag ymddiheuriad i'r bobl go iawn)

Mae ambell ddydd yn codi chwap
ar ddalen ein ffurfafen a'i darllen wnawn
wrth syllu'r bore rhwng y byd a'r betws.
Heddiw, daw Dylan i lenwi'r paen
wrth hwylio'r stryd mor sgwâr a di-raen
ag erioed. Ei grys fflaneléd ar agor,
bola dros drowsus llac. Tybed pa gerdd
sydd ganddo ar waith y bore hwn?

Wedi cinio, gwelaf dair chwaer yn eu ffrogiau
fflowns yn breintio'r stryd. Dyma'r Brontës,
yn cerdded heibio mewn welingtons trwm.
Yn eu dwylo mae bagiau siopa, a chapiau gwlân
sydd am eu clustiau, rhag oerwynt y rhostir.
Enwaf hwy yn Emily gyfriniol, Anne, y claf
o gariad, a'r ys truan, Charlotte. Ar eu taith
i hercyd nwydd ond mor rhwydd y rhodiasant
yn drindod fwyn. Ond tybed a fyddant yn cerdded
am hamdden o gwmpas y bwrdd swper heno, eto?

Wrth gerdded i gasglu neges yn Buon Appetito
gwelaf Kate Roberts y tu ôl i fwrdd, yno y caiff
'ddiwrnod i'r brenin', yn sidêt a di-serch.
Dychmygaf hi'n llunio rhyw de yn y grug,
er nad yw ei thraed, ychwaith, mewn cyffion.

Nid cymeriadau llên yn unig sydd yma,
credwch neu beidio mae gennym artist
dawnus o'r enw Vincent, ef yw'n Van Gogh:
sgriblwyd ei enw newydd gyda bys dros lwch
ar ffenest ei fan, a'i lasenwi ers hynny.

Tebyg bod chwiorydd yr arlunydd rywle
yn byw yn ei gysgod, y ddwy chwaer dduwiol
sy'n sgwrsio amdano yn sâl mewn ysbyty,
yn dioddef o fore hyd nos o'r felan fileinig.

Yn ieuenctid y dydd, daw cymeriadau fel hyn
i gerdded o'u gweithiau gan ogleisio fy myd,
a llonni awdur sy'n lledrithio uwch ei waith.
Onid yw pob un ohonom yn gymeriad i'w ddarllen
o'r newydd yn y bôn? A phwy a ŵyr na'm gwelir innau
fel rhyw gymeriad anffodus mewn nofel gyffredin,
ryw ddydd, yn ein Llyfrgell Genedlaethol ni?

Dyma fyd sy'n hafalu rhwng rhith a rhythu,
nes i'r rhythmau dynol eu codi o'r tu ôl i len –
a weithiau o lên. Ac addefaf yr af ati, rywbryd,
i drefnu aduniad rhwng y cymeriadau hyn i gyd.

A chadw llygad eryr ar Dylan, neu gymell
y Brontës i ymryddhau o hafflau eu byd.
Ac am frenhines ein llên? Caiff eistedd
yn ddistaw gan wylio Van Gogh un glust
yn tynnu llun o'r teulu estynedig hwn
mewn olew. Yn aur coeth, yn ambr, yn borffor,
yn ddathliad cytûn – yn flodau haul
ar fore llwyd fel heddiw.

Banwen San Padrig

(ar ddydd San Padrig ym man ei eni, Banwen)

I

Bwrw coelbren yw hanes yr hen oesau,
coel ar goel am olion traed y rhai
fu'n cerdded llwybrau ar hyd Sarn Helen:
milwyr ar waith mewn angen dygn,
mynaich yn cario beichiau cred,
ffydd yn cerdded ar ffyrdd yng nghlyw
rhu'r dyfroedd gleision gerllaw.

Dulais. Nid dileisiau mo'r rhain:
Coelbren. Onllwyn. Cellwen. Henrhyd:
yr enwau oedodd yma –
Padrig a'i chwaer Darerca – a gipiwyd
o'r Ynys Lasddu i'r Ynys Werdd.
Caethglud, a hwy'n fud, o'u hardal fwyn.

II

Banwen. Benyw – ei byw a'i bod
sy yno o hyd, yn cadw
'tŷ mewn cwmwl tystion'.
Edau trwy grau nodwydd hanes
yw'r sawl fu'n cynnal gŵyl
a gwylad, yn cynnau cannwyll,
yn sgwrio'r llawr yn loyw lân;
basnau'n ferw, ffiolau'n hael.

III

Heddiw, o'r pyllau tywyll
a fu, a'r wythïen galed
a orfu, newid ddaeth.
Ond nid i gaethwasiaeth;
y garreg styfnig sydd ar led
heb ei tholcio, ac o law i law
eu cam-drin o'r lan i'r glannau:
o'r Oes Efydd i Oes y 'Gofid',
caeth a rhydd yw'r wlad
a'i threftadaeth aflonydd.

IV

Diflannodd llwch y glo
ar ysgyfaint, ond sawl
anadl a ataliwyd
gan nwyd ysgeler?
Clo, ni ddaeth i'r cloddio
na'r colbio wrth fwrw coelbren.

V

Erys chwaer a mam Padrig
yn anhysbys i chwiorydd
ledled y byd ar ddôl a dolur.
Ond ei chân a glywn o hyd –

yn Banwen; nodau hardd
all barhau i newid y byd.

Plu'r Nadolig

'fel pluen ar anadl Duw' – Hildegard o Bingen

Fe dreuliwyd y delweddau fesul un,
trwy'r oesau pell. Fel glywyd llawer cri
am Fab y Saer a 'phreseb gwael ei lun',
y thus, y myrr a'r aur, gan 'ddoethion dri'.
A blino wnaethom ar y 'welw Fair'
fu'n llwgu'n las, mewn stabal drwy'r nos hir,
ac ystrydebol oedd y seren 'glaer'
a'r llu bugeiliaid ddaeth i brofi'r 'gwir'.
Ond darlun arall ddaw i gipio 'nhrem
am anal Un, nas gwelwyd yno'n dyst,
ynghudd oedd ef, yn teimlo'r awel lem
cyn taenu chwaon i eneinio'r Crist.
Ef dasgodd blu, fel cawod eira'n ias
â'i wefus, chwythodd ddathliad syn o'i Ras.

Eples

(i Elin ap Hywel, athrylith o fardd a chyfeilles)

Beio'r eples a wnaethom
am gamynganu geiriau
anweledig mewn llwnc,
bwrw bai ar y burum
am drachwant oedd drech
na ni, a'r winwydden wir
mor anostyngedig.

Yna, gorlifodd dros wydr y lloer,
llwrw 'nôl ein trem oedd,
a'r lefain yno'n chwyddo
nes i'r nos drosi'n fore bach
a'i gyffesion yn ddagrau gwêr
a rewyd ar hyd y canhwyllau.

Amgen o 'Gymun' oedd hwn,
byrdwn dwy ferch y Mans
a ddysgodd garu'n rhy dda
y ddynoliaeth ddrwg;
gras a chariad yn ymdywallt,
trueni, trugaredd, tosturi
yn cecian acenion ynom.

Trallod yw'r adnod a adwaen
yr oriau, ac eto, gyfeilles gydol oes,
rydym yn gyndyn yn 'dal i fod'.*

Teitl ei chyfrol o gerddi yw Dal i Fod.

Gyrru trwy gariad

(i G.F. am ei gwaith dros heddwch adeg rhyfeloedd yn y Balcanau)

Ar fore cynta'r rhyfel prynodd feic.
Anghenraid i heddychwraig, meddai;
un main i sleifio drwy'r holl lonydd cefn –
heb faricêd. Wrth agor ei llenni pren
gwelodd swyddog yn arthio ar ddau lanc
mewn lifrai, a'u gwaith blêr ar wifren bigog

yn tasgu llid. Mewn byddin rhaid dangos parch,
mesur manwl gywir yw'r drefn. A dyna a wnaeth
drwy fynd rhag blaen yn slei bach i'r siop
feiciau, cerdyn credyd fel arf mewn llaw;
hyhi, yr unig gwsmer yno'n fore am naw.

Cael hwyl anfarwol yno wrth ddewis gêrs,
dal gafael yn y llyw â'i dwy law;
dewis un â'i fasged a'i wagle hael.
A'r perchennog? Roedd wrth ei fodd,
rhoddodd ostyngiad da gan ddweud –
ar adeg fel hon mae eisie poced ddofn.

Dydd bythgofiadwy ydoedd. Beic fflamgoch
yn belydr o bleser yn erbyn wyneb bwrlwcs
yr awyr. Ddyddiau wedyn, aeth y rhestr
yn hwy: y gorweddog a'r anabl a'r sawl
oedd heb allu ciwio am gyfreidiau: wyau a llaeth:
ei pharseli o heddwch oedd eu bara beunyddiol.

Rhyfel deuddeng niwrnod a gafwyd. A'r beic?
Bellach ar ei orwedd yn rhwd i gyd.
Ei medal? Anhysbys, wrth gwrs. Un heb chwennych
dim oll ond y chwedl sut y gall rhywun yrru
trwy gariad ac ennill y dydd yn y ddinas nwydus,
lle bydd defod y llu wrth groesi'r bont yn Ljubljana
yn cusanu fforddolion eraill ar eu taith.

Fforddolion? Teithwyr ar droed. Weiren bigog,
baricêds. Sbocsen o adain olwyn sy'n stond.
Yn fud, hyd yn oed. Fel y dywedwn ffordd hyn,
          yr un hen, hen wahaniaeth.

Mawl i Tishani

(cyfaill a bardd)

Ni chawsom gwrdd yn y Gelli eleni,
dim ond rhannu sgwrs ar sgrin
yn ddwys ac afieithus wnaethom,
gan fynwesu ein hangerdd at y byd
a rannwn – ar wahân – gyda'r hwyr.

A ddoe ddiwetha' o Abu Dhabi –
tithau dros dro yno'n dysgu,
daeth gair it droi yn gennad rad,
gan estyn nwyddau fesul un, o law
i law, yn rhoddion i'r merched alltud –
mewn lluestfa ymhell o'u mamwlad.

Parseli o bethau pitw a geisiwyd:
blwch trin ewinedd, brwsh gwallt,
sgarff newydd, llyfr gan ffrind –
ond beth am y cais am becyn o greision?
A'r rhodd o anrheg anferthol?
Cês teithio? I un yn ei hunfan?

Gwenais wrth feddwl amdanat
fel asyn cludo dynol, er mai'r unig
gyffuriau yn dy feddiant oedd
dyheadau'r rhain wrth iddynt
ddianc o dranc eu dyddiau dreng,

yn gofyn am yr ambell foethyn –
ynghyd â'r 'cês' i adael ar wib,
er, efallai i gyrraedd tir diffaith.

Gallaf weld tywyn dy wên
wrth i'r postmon dy groesholi,
'Pwy yw hon a hon?' 'Fy chwaer!'
Galwodd enw arall, a'r un ateb eto,
'Hi hefyd yw fy chwaer.' A chyn hir,
yn dy ddull tirion yn etifeddu cenedl
o chwiorydd, y rheini ar ffo.
Ti, nawr, yw eu chwaer fawr, yn un o'r llwyth,
yn cario llwyth i'r rheini – a'u byd ddaeth i ben;
ti'r bydysawd, gyda bys a bawd yn croesi
ynysoedd cariad hyd at ymyl y lan.

Tishani, chwa wyt a'm chwaer o bell.
Fel dy fam o'th flaen yn achub babanod
ollyngwyd o'r gwteri ym Madras,
yr wyt tithau'n achub benywod.
'Ddof i fyth i'w nabod,' meddit. Eto,
onid dyna ystad bardd, astudio byd?
Gyda rhywbeth mwy o lawer na geiriau?

Dyfrdrigolion

(er cof am Elaine Morgan, arloesydd y ddamcaniaeth acwatig)

Dyfrdrigolion oeddem unwaith
yn nofio, dowcio'n llawn nwyf
cyn disgyn ar ddwy droed:
pobl y pysg a drodd yn deithwyr
ar diroedd ir o dirion.

Pa bryd oedd hi pan ddaeth
yr awydd am fentro i fro?
Anturio fforestydd, glaswelltydd,
ar frys cyn arafu ar y creigiau,
canfod pwyll, er mor benboeth
ein cyffro, blith draphlith
ymhlith y llwythau, o'r dŵr
i fyd glân, gloyw.

   *

A! Yr eog, *salmo salar*,
hi a'i salm yn smalio'n
y dyfroedd croyw;
hi, gyfaill y llif, oedd hallt;
yng Nghenarth wedi i'r tarth
godi; oedwn yno am orig,
sawru siwrne'r hwyfell*
a'i chelloedd yn bwrw ei grawn
yn ddiogel, ceinio'r crychdonnau,
y weithred writgoch, a'r rhych
yn rhwym yn y gladdfa glyd.

*Y fenyw o rywogaeth yr eog.

Gwell crothell mewn llaw na gleisiad mewn afon ...

Ni wyddom o hyd pa fath o boen
a deimla'r eog; ond heddiw,
nyni, etifeddion o'r dyfroedd,
a ddaeth hwp-di-hap
i'r lan mewn heigiau.

'Euogiaid' ydym heddiw
yn syllu mewn sigl a swae
mewn hiraeth am y lli
afloyw, a heb ein gwahodd
i ddychwelyd o'n cof-fydoedd
ymysg y pysg absennol i lamu.

Tylluan wen olaf 2013

(er cof am fy nghyfaill, Nigel Jenkins)

Beth ddaeth o'r dylluan wen, un hwyrnos?
Ei chwcwll yn taro'r sgrin yn betrus,
ninnau ar daith adref o'r gogledd i'r de
wedi hebrwng ein Conran* rai oriau ynghynt.
'Duende,' dywedais, heb feddwl llai nag i ni
ill dau fod yno'n gennad a thyst
i'w hadenydd: angerdd angau ar daen –
ymollwng yr awen i'r nen ar ei hynt.

Eto, yn yr oerni dudew, un glew a gloyw oedd,
er mor groes graen pob crafanc ar wydr clir,
feddylies i erioed mai arwydd oedd hi,
y deuai, ymhen y flwyddyn, am dy anadl di.
A sawl noswaith y ceisiais lunio cerdd o fawl?
Pob afrad un yn ffradach, fy nghymrawd mawr,
mor chwithig â'r fflachyn a ddaeth
                              ar ein
                                   traws.

*Y bardd Tony Conran.

Rusmira dan warchae

(Sarajevo yn ystod rhyfeloedd y Balcanau)

Fe'i gwelais i'r twc olaf o edau
a glymodd ei gwisg ynghyd.
Hi a enwyd yn rhosyn hedd,
nawr, wele hi yn mwstro
â nerth deg ewin
i daenu ei diwyg cymen
wrth gynnull un shîten
blastig glaerddu dros ei
        gwasg,
                a rhaff.

Blwch parseli at sawdl ei throed.
Na, nid paratoi at garnifal a wna
ond gornest Miss Sarajevo, hi
dan warchae yn torsythu
mewn gwisg a luniwyd yn rhad,
selotêp a styffylwr yn un-fryd.

Os oes delwedd a dameg dda,
onid hon a'n deil i foli
harddwch drwy lwch a loes,
gan herio holl hacrwch ei hoes,
ffrwydradau a llech-saethwyr lu?
A'r gwir plaen yw na all yr un
terfysg atal awydd merch
i lygad-dynnu – ei phryd a'i gwedd
        drwy
              sachabwndi.*

Rusmira, ti, betal ymysg y bwledi,
o'r morteri hyll, rhof goron i'th firi.

* Gair ar lafar am ddillad blêr!

Syringa Vulgaris

*(Yn 2019, cafodd Carme Forcadell, Llywydd Senedd Catalwnia, ei
dedfrydu i garchar am un ar ddeg o flynyddoedd am gynnal refferendwm ar
annibyniaeth. Cafodd ei rhyddhau'n dilyn pardwn yn 2021. O'r carchar, fe
anfonodd feiro ataf gyda'r geiriau 'escrivim el futur amb tinta lila', 'rydym
yn ysgrifennu'r dyfodol gydag inc lelog'. Blodyn lelog yw Syringa Vulgaris.)*

Drwy'r bore, *murmuri**
yn fy nghlyw wrth feddwl
   am gyff yr olewydden,
      brigyn o'i thangnefedd
        ymysg y lelog
           sy'n lliwio gwledydd
          yn dyner.

'Sdim inc ar ôl,' meddai Carme
wrth y sawl a dynnodd ei beiro
o'r bin sbwriel yn y gell.
'Dim ots,' meddai'r gaethferch.
'Rwy am ei dal fel y gallaf
ryw ddydd ysgrifennu fel chi –
mewn lelog.'

Yn ei chell, heb foethau,
holodd ymwelydd
pa enllyn a garai
i godi ei chalon yno?
'Bwndel o feiros,' meddai,
'rhai lelog, cofiwch, fel y gall y merched
ysgrifennu eu hanesion eu hunain.'

         *

*Gair Catalaneg am 'murmur' a theitl cyfrol y bardd.

Pwy a ŵyr pa eiriau a wasgarwyd
ar ddalen lân, yn amrwd neu'n gain,
llinellau llaes, efallai,
                            am Lywydd gwlad
            a heriodd reoliadau ymerodraeth?

                        *

Daw pob ysgrifbin i ben yn ei dro,
ond daw eraill i blannu coed,
blaendarddu mewn gerddi a chaeau.

A bydd petalau'n ymestyn
yn uwch na waliau'r carchar,
min eu blodau'n feiros lelog,
                        wrth lunio cân yr awyr i'w rhyddid.

Mawl i'r ddynes ddall

(ym maes awyr Bangkok)

Mae'r dall yn fy ngweld o bell –
daw ataf, baton wen mewn llaw,
curo'r marmor i ganu, a'm dewis
yn llawforwyn hylaw i'w hebrwng
i le cyfyng, man y cysgodion rheidus:
hithau'n ddall, yn ddynes, yn ddu
o droed i droed – aethom yn un.

Arhosaf wrth ei drws, a'i thywys
wedyn at y dŵr bywiol sy'n llifo
drosom, yn bedair llaw, yn rhannu'r
pedwar defnydd – yn ffynnon loyw.
A daw un byd i ben, hwnnw
a fu o flaen fy llygaid yn y bore glas
wrth wylio'r amserau; gatiau'n
agor a chau, cans pa anrhydedd sy
well na throi'n llysgennad er anrhydedd
gan ddangos i'r byd pa fodd y gall
un dieithryn ateb cais am gymwynas?

A'r alwad rad i'r man – tra bôm –
a'r ddwy ohonom yn gweld ein gilydd.

Ffarwelia â mi, canu'n iach â diolch,
dymuno'n dda a sioncaf innau 'mlaen
ar fy nhaith, yn ddinesydd newydd,
a'r byd wedi ymagor led y pen –
yn ddrws awyren cyn dringo'n uwch
gyda gweledigaeth y bardd cwsg,
fry yn y cymylau, sy'n troi yn dywyll olau.

Eirlysiau cynnar 2020

Bu'n aeaf drwy'r flwyddyn eleni.
Ond heddiw, yn niwedd Tachwedd,
daeth aduniad eiliadau ar led:
eirlysiau cynnar yn effro
o'u gaeafgwsg yn wisgi:
allweddi disglair yn eu dwylo,
yn troi'r pridd yn llewys eu crysau.

Mor drwyadl eu hanadl arnom,
nyni, lonyddwyr, fu'n troi tu min,
yn ffoli o'u gweld a'u pennau
allblyg yn y gwynt. Estynnwn 'wynt teg'
iddynt, am addewid eu datguddiad
dros nwyf o'u 'man gwyn, man draw'.

Ac am iddynt wfftio'r awelon
croes wrth gwtsio'n gytûn
yn deulu dedwydd, rhown fendith.
Agorwyd drysau. Gwynfa lân yw'r rhai
sy'n bwrw eu swildod;
dihalog rai, wrth roi chwiff a chwa
i lofnod di-lef 'Blwyddyn Newydd Dda'.

Lleuad fêl

Neithiwr sleifiodd lleuad fêl,
llenwodd y llofft
a throesom yn gefnogwyr
brwd o'i broliant ambr
ar lain las yr hwyrnos.

Oedodd un funud fach –
swilio tu ôl i ffawydd copr,
cyn sbecian eto gyda phlwc
sydyn o arddeliad.
Mêl ei gogoniant
yn llifo dros gwch y cread.

Silwetau oeddem, gwenyn
wrth y ffenest am dorri'n rhydd;
ond iselhau wnaeth hi
rhwng ein cware. Ymostwng
yn wylaidd fel pe bai'n dysgu
meidrolion sut i blygu glin.

Gogoneddu o'r newydd a wnawn,
gan ddiolch iddi am alw heibio
a'n dal yn eneidiau agored;
hi, a fedyddiwyd hanner miliwn
o flynyddoedd yn ôl,
a'i hadduned yn dyrchafu einioes.

Daeth pwl rhyfedd drosom
y noson honno, goroesiad
ei gwên yn wireb iddi ddal
i gredu ynom fel pobl.
Clwydo heb dorri gair
na phader, dim ond ei bendith
yn boeth ar fochau, a'i thaith
heibio inni'n wledd o dangnefedd.
Y cariad crwn sy'n suo daioni
wrth drosi ei ffydd drosom,
ar wib,
    yn wlith,
  yn fêl gawod

Pibydd

*(Cerdd a anfonais at y bardd Ilhan Çomak sydd yn y carchar
yn Nhwrci ers 28 o flynyddoedd am ei fod yn perthyn i genedl
y Cwrdiaid; ac wrth feddwl am T. E. Nicholas.)*

Edrych, mae deryn bach wrth dy ffenest
yn synfyfyrio arnat yn dy gell,
rho friwsion iddo, sbarion o'th luest,
am ddyfod draw atat o fannau pell.
Wedi clywed ei ganu, rho iddo
acenion cerdd, dychymyg yn llawn swyn,
pwy ŵyr na ddaw nodau wrth it byncio
cynghanedd bêr i lonni'r prifardd mwyn?
A hwyrach ffy, a'th neges yn ei big,
i dir dy febyd, neges las mewn cod,
a'r pibydd mynydd yn y gors a'r grug
yn gennad hiraeth sydd yn canu'th glod.
Os prin yw'r saig, a'r paen rhwng caeth a rhydd,
offrwm dros dro i'r wledd a ddaw, rhyw ddydd.

Rhaeadrau Henrhyd

Cyfrinach yw llinach y lli
sy'n tasgu heb gysgu,
anhunedd gobenyddion
a'u plu'n dianc dros ddibyn;
matresi'n troi a throsi
cyn trwmgysgu'n y dŵr llonydd.
Wedi'r odli llawn huodledd,
tewi a wnânt wedi'r tywallt.

Mor frwd yw'r sgwd, hi
a fyn ysgwyd osgo'r graig
i berlewyg. Hi, a'i mwclis
o berlau'n troi'n swddenni,*
yn syn oddi tani, hi, wylia
ein rhyfeddod tu ôl i'w llen.

Syllwn yn hir arni'n ei brys
i rannu celwydd golau;
islais ei goslef wrth ffrydio
straeon y bu'n eu storio
ers Oes yr Iâ, a diddan ydym
o lathredd aruthrol ei dathliad.

Trawst neu ffrâm yw 'swdden'.

Sut y llwyddwyd i oroesi holl groeso
ei chri wrth inni fynd, wysg ein cefnau,
drwy fwswg a chen,
gadael 'craig ffarwél'
a'r helfa drysor am ddüwch trwch o lo?

Onid man gwyn yw'r man draw,
ei diferion i'n byd diedifar am ddim?

Anadlwn ennyd o anal hir,
dychwelyd wedi ein naddu
o'r newydd gan Nant Llech:
a'n llechi ninnau'n lân.

Awn at y giât gusan, gwefusau gwig yn cwrdd,
o un i un, wedi'n cyffwrdd, awn
gan daflu ar hap goelbren –
                              glania ar wib,
mor wynfydedig ag erioed.

Colomennod y Tloty

Yr ymosodiad ar dloty Caerfyrddin yn 1843 oedd
ymgyrch terfysgol olaf Merched Beca.

Islaw to'r Wyrcws –
haid o golomennod,
eu mynd a'u dod;
syllant ar ffrwcs o fyd
o'u ffenestri rhwth;
lluesta, hamddena
hyd yr awr nes i Heol
Penlan arlwyo garddwest
o'r llannerch gerllaw.

Arafu sy raid hefyd
tu ôl i'r llyw, a'r lluniaeth
yn origami'r lôn,
y tyllau'n hollti'r tarmac
â'u hadau'n ymborth parod.

Hwy yw tollau fy mynd a'm dyfod,
ataliad eiliad neu ddwy.

Yma, lle bu gynnau ar annel
Beca a'i chriw yn mynnu
rhwydd hynt i'w lonydd,
edmygaf y gwrthdystwyr tawel
yn adfer yr hen adfail,
hanu o'i hen hanes
a wnânt am y cyntaf.

A'u plwc? Nid wyf am fynd i'w plu.

Bodlonaf ar dreth o'u heddwch,
sirioli heb holi eu hynt.

Eto, taeraf wrth yrru heibio
i'w hafiaith alw – cyhŵ,
cw-hw, cw-co' hi ac-ŵ.

Eira mân, eira mawr

(gyda diolch i Elizabeth Kolbert, arloesydd dros yr amgylchedd)

'Greenland oer, fynyddig',
O, fel y canem o'r *Hen Ganiedydd*
yr emyn am y mannau hynny
oedd yn rhy bell o'n crebwyll;
rhith o le anchwiliadwy
lle'r oedd eira'n selog,
yn ffyddlon lynu i'w ffydd.

Nid rhyw dwtsh yn slwtsh
dros dro ar fryndir gwlad;
nid eira'r cyffro drwy ffenest ysgol
cyn pledu peli a sglefrio
neu fynd adre'n gynnar ar fws;

ond y man anniflan hynod i mi –
heb na phwdel na phwdlac –
y tawelwch purwyn, dilychwin.

Heddiw, nid eiconau marmor
mo'r iâ fynyddoedd hyn;
gwelwn hwy'n gwelwi
heb arddeliad i godi canu.

Ond i'r trydyllwyr di-syfl eu cred,
mae haenau mwy i'n hanes
na'r dadebru a'r cwtsio sownd
at gwrlidau'r gwelyau plu.
Cant a hanner o droedfeddi islaw,
a daw oes Rhyfel Cartref America
yno i arysgrifo'r pegwn;
dwy fil a hanner o droedfeddi'n is wedyn,
Platon a'i Weriniaeth sy'n ddihafal yno;
pum mil tri chan pum deg troedfedd o ddyfnhau –
lluniau o oes paentwyr ogofâu Lascaux sy'n eu bri,
a thyrchu i lawr, lawr o'n hoes ni i'r cynfydau
a wnânt, a syllu wneir ar greiriau
yn risialau a fu'n cyfansoddi cyweiriau
o bedwar ban y byd; llwch o Tambora,
llygredd haearn toddwyr o Rufain,

dwst Mongolia'n ehedeg o wyntoedd
Oes yr Iâ, a'r byrlymau aer o gelloedd
canrifoedd coll, heblaw am archif yr awyr.

Archoll. Heb arch, heb arwyr
sy'n dal i chwilio er atal chwalfa:
dilëwch yr ymadrodd 'eira llynedd'
ac awn yn ôl i Oes yr Iâ sy'n
Oes Aur cof ein byd – cyn y Dadmer Mawr,

ac ystyr newydd sy i 'eira llynedd'.

Merlod y mynydd

Sut y bu ichi, ferlod mynydd mwyn,
oroesi'r cynfyd? Taenu gwisgoedd niwl
y mynydd am eich gwar, rhedyn a brwyn
yn gyfeillach beunydd, o fwng i friw.

Beth oedd tair mil o droedfeddi dan nen
i ymlwybro'r llethrau? Ffoli ar fawn –
cymylau'n llawn grug, adar ing uwchben
eich drysfa o dirwedd, ymhob rhych a rhawn.

Bron nad heddychwyr tirion ydy'r rhai
a wêl y dringwyr, yn codi'n y gwlith
o Oes y Cerrig, Celtiaid heb lifrai
yn dystion i'r erlid gan y Brenin a'i lith.*

Ni fu cwlingo, o wawr hyd hwyrnos;
cynefin i'r carnau – hanes oeda yma,
                              i aros.

*Ar ddechrau'r unfed ganrif ar bymtheg, gorchmynnodd Harri VIII i ladd y
merlod a'u cwlio am na allent gario pwysau'r marchogion gyda'u harfogaeth.

Yr euraid olaf

Bu farw eryr euraid olaf Cymru yn 2020 drwy gael ei saethu.

Eryr aur, ni wêl hi'r coed heno,
eryr aur, nid oedd iddi lef heno.
Ni fydd eiddig am gig a garodd heno,
hyf yno ddoe, hi, nid ofnodd,
                    ond heno?

Wedi hir hynt yn y gwynt a'r glaw,
uwchlaw cymylau amser ac awyr,
fry yn y nen a'i hadenydd ar led;
daeth awr y lloriwyd hi, nid gan 'run llurig
nac eco o'r oesau'n croesi cleddyfau,
ond diweddnod i'w thaith oedd anrhaith
a rhwyll, ac o'r ffurfafen las, plymiodd –
pelet fetel neu ddwy a galanastra
ei thylwyth, aeth gyda hi.

Ac yn lle pelydrau haul ar orwel yn gwlychu pig
a'i helfa am gig, pelydrau X a orfu mewn stafell
dywyll, parddu ing dros ei phlu o'i blingo.

Bu'n *trigo* mewn unigedd am ddeuddeng mlynedd,
bu o ddydd i ddydd, wysg ei chefn yn tramwyo,
gan ddyheu, pwy a ŵyr, am gymar, cywion i'w magu'n dynn,
yn lle trigo'n eithriad diwehelyth – trigo a wnaeth.

Ond *FOI*, 'Rhyddid gwybodaeth', ymatebodd i'w thranc,
neges fer o gofnod: 'gadawaf allan hanes y saethu',
ac o'i weithle dan do, y sylw saff,
'beth bynnag, roedd ganddi glefyd'.

Eto, erys y cof gan breswylwyr yn y fro – heno,
ias yr ehediad ym mynyddoedd Cambria – yno
nid yw heno: collwyd ei syndod, *aur- ora* o aderyn:

'gnawd nyth eryr ar flaen deri'.

Gras

(Aber-fan)

Gofalodd fod eu dillad hwy yn gras,
eu halio uwch y reilen ger y tân,
gofalwyd nad oedd bai ar unrhyw was.

Ar ambell fore, cael a chael ar ras
i'r ysgol, bwyd ar hast a'r plant mor fân,
gofalodd fod eu dillad hwy yn gras.

Colli cwsg un gaeaf a'r plant â'r pas,
gwellhad drachefn, gwrid ar wynebau glân,
gofalwyd nad oedd bai ar unrhyw was.

Ffraeo 'da ffrindiau, ond heb fod yn gas,
cychwyn bob bore gyda nodau cân;
gofalodd fod eu dillad hwy yn gras.

Wedi'r ing, mor dawel oedd geiriau gras,
holltwyd cwm, pob teulu yn ddiwahân;
gofalodd fod eu dillad hwy yn gras,
gofalwyd nad oedd bai ar unrhyw was.

Bwrw dy fara

*'Daeth fy nhad adre wedi gwneud ei rownd dosbarthu bara, a
dechrau pobi eto er mwyn mynd i roi bara i'r gweithwyr' – tystiolaeth
bachgen o gofio bore'r drychineb yn Aber-fan, 21 Hydref, 1966.*

Ac wedi rhannu'r torthau i gwsmeriaid y cwm
yng nglas y dydd, dychwelodd yntau
i bobi o'r newydd. Cymysgu'r blawd,
y dŵr a'r burum, yn wenith, barlys a rhyg –
sicrhau tocyn o nerth ac ymborth
i'r rhai hynny a wyddai mai ar fara'n unig
y byddent fyw trwy'r diwrnod hwnnw.

Ac yn nwyster oriau dulas y nos, rhwng anadl
ac atalfa, rhwng gwawch a thawelwch,
daeth rhannu bara yn un fendith fechan.
O'r tylino a'r crasu, rhoi'r bara'n gymen
yn nwylo cignoeth y lliaws,
gan ymbil arnynt i ddyfalbarhau;
a rhag llwgu a diffygio, wele ei luniaeth yn rhwyddhau'r
rhofio, ac yn lle grut a graean a chledrau cras –
ennyd, a daeth dawn achubol y grawn i gynnal
torf ar eu cythlwng, y rhai rhy syn i dorri geiriau.

Cymun rhyfedd ydoedd hwn
a'r bysedd halog yn trafod fesul tafell,
a'r llowcio weithiau'n glynu'n sownd at y lasog.

Ysbaid, mae'n rhaid, oedd hi,
o'r llaid a'r llwch i gofio ystyr
'dyro i ni heddiw ein bara beunyddiol'.

Bara, boed henbob neu glatsh,
nid oedd bwys y noson honno,
nac i'r pobydd aeth ati yr eildro
i borthi ei gymdeithion, cyn troi
am adre, newyn yn ei galon
a briwsion yn fara cystudd du,
gan wybod na fyddai bara i rai
byth eto heb arno flas glo,
glo caled.

Y glwyd

(wedi'r drychineb yng nglofa Gleision, 2011, ac er cof am fy mam-gu, Emily)

Daw ambell ddydd fel bollt
yn atgof mai chwa dan ddrws
sydd rhyngom a byw. Ddoe,
glowyr dan ddaear yn trengi,
a minnau'n cofio geiriau cynnil
fy mam am reolwr y gwaith
a'r fforman yn cerdded trwy'r
pentre i'w chartre yn 1947.

Y gwragedd yn gwylio o boptu'r stryd,
i weld pa dŷ oedd eu cyrchfan.
Ond gwyddai Mam-gu
wrth glywed y giât yn cau
beth oedd y gnoc a'r neges ddu.

Heddiw, meddyliaf am y ddwy:
Mam-gu a Mam; deall yn well
fel y byddent yn cau allan pob sôn
ar deledu am ddamwain dan ddaear,
Cofient hwy am y glwyd yn cau.

A'r prynhawn yma, daw newydd
gan gyfaill o Mumbai sy'n adrodd
am ddaeargryn Sikkim, ac fel
y clywodd ei rhieni ei bwriad
yn Kolkata. O bell ac agos,
mae clwydi'n cau ac agor,
pobl a'u byd ar ben, a'r byd
yn dod yn nes, yn tynnu arnom.
A phob chwiff o si, yn ddrwg
neu'n dda, yn murmur mai byw
trwy fyllt a wnawn, y rhai
sy'n cau, a'r rhai sy'n clwyfo.

Ac ar ddiwedd y dydd,
syllu'n hir ar y glwyd lonydd.
Hedd yn fendith am heddiw.
Am heddiw, cawsom hedd.

Neb-ach

(i'r lleiafrifoedd sydd ar wasgar)

Dysgu rhedeg yr yrfa: bach, lleied, llai, lleiaf –
ond pwy yw'r lleiaf ohonom?
Credom, unwaith, mai ni'r Cymry
oedd y rheini – atodiad sy'n hen nodiant
i Loegr a fyn weithiau ei bod hi'n Brydain Fawr,
er mai 'bechan bach' yw ar fap.
'Why learn Welsh to speak
to fewer people?' gofynnodd un gŵr doeth,
unwaith, neu'r gohebydd tafodrydd:
'This useless language!' heb fedru sill
na stomp ohoni. Mor fach eu byd.
Mwy, mwy, mwy yw'r clwy sy'n ein clyw.

Ond heddiw, mae'r llai a'r lleiaf
ar wasgar, ac un ydym â hwy,
a'r anfri llai-lleied arnynt hwythau,
y 'lleiaf rai', 'gwehilion'
sy'n mynnu – melltith arnynt –
gael to a bondo a'n bendith;
sy'n crefu, er mor fychain ydynt,
ffest a lluest a llewyrch.
Ac un ydym ninnau, y lleiaf rai
ar wasgar yn ein bro yn llechu
rhag y sawl a synhwyrai'r dail ar ein lleferydd.

Wedi'r cyfan, enwyd ni'r Cymry
yn ddieithriaid, ac onid dyna paham
y deallwn y lleilai sy ar daith,
yn mwmian heb eu mamiaith?
Gwydrlys o bobl ar draethell bell,
pob telpyn wedi'i hyrddio ar graig
cyn disgyn i'r llanw mawr – mwy, mwy, mwy.

Nes y myn y grymoedd mawr, mwy, mwyaf
ailenwi'r pobloedd bychain yn fachigol:
y lleied, llai, lleiaf yn troi'n *nebach*.*

Nebach yw'r neb – heb ach,
nebach, llai na lleied,
'druan bach,' medd rhai wrth ganu'n
iach i'r llipryn lleiaf oll.

Cyn troi yn ôl at eu byd mawr –
mwy, mwy, mwy –
os oes mwy.

**'nebach', 'nebbish' – sef 'druan bach' yn yr iaith Yideg.*

121

Salm ar ddydd priodas

Er i'r haul yn yr eangderau lasoeri,
Er i rewfynyddoedd yr Arctig ddadebru,
Er i bysgod bychain fynd yn eu cil,
Er i adar o'r unlliw chwilio am encil;
Er i'r wanaf o dywysennau golli ei lliw,
Er i lyn a llannerch ddior pob dilyw;
Er hyn oll, yr un yw addewid
Dau 'enaid cytûn', wrth gamu at wynfyd.
Dau a ddeall ddyheadau'r dalar gywrain,
Dau sy'n asio, dau lais, ac weithiau yn unsain;
Dau a wrendy ar swynogledd y lleuad,
Dau a syll ar hoenusrwydd y Cread;
Dau a nofia i'r dyfroedd er y cerrynt,
Dau a wêl oleudy'r galon yn gwylio drostynt.

A heddiw, down ynghyd i ddathlu'r achlysur,
Yn gân o fawl, o gostrelau difesur,
Yn salm o gariad beth bynnag fo'r tywydd,
Bydd cawodydd glaw yn rhoi cyfle o'r newydd,
I ddeall nad oes yna'r fath beth â thywydd gwael,
Dim ond graddfeydd o dywydd da, cans yn ddi-ffael,
Bydd pelydrau'r galon yn tywynnu'n eirias,
Beth bynnag fo'r gri am ddrycinoedd diflas.
A heddiw yw'r dydd inni droi'r haul anwel arno
Wrth weld planedau pell yn cylchdroi ac uno,
Boed gwefrau lu, ar weirglodd – rif y gwlith,
Ond heddiw, dathlu wnawn. Rhoi a derbyn bendith.

Tri yn y gwely

(i W)

'Roedd ei draed yn oer,' meddai'r weddw
wrth adrodd sut y bu farw rhywbryd yn y nos,
a'i ganfod yn y bore; ac i hyn y dof:
fel yr awn i'r gwely yn ddeuoedd,
a fydd, fe gredwn, yn 'oesoedd';
yn ddi-nod, weithiau'n hynod, a chael ein traed
yn troelli yno, yn amlennu dros rywbeth
na all farw, er mai breuo a wna weithiau.
Y teclyn sy'n cynnes uno dau,
yn rhuddin gwaelod gwely a fydd, yn amlach na pheidio,
yn dianc dros weilgi o gynfasau fel rafft ar lawr –
hyd nes i'r bore gyrraedd a'i chofio eto,
asiad y tri yn un, myfi, efe –
a hyhi'r botel a'i gwala'n ein gwely.
Y dŵr cynnes yn wres dan orchudd
i warchod ein traed rhag oeri,
i gadw'r bysedd bach yn ddiddos
wrth aros am ein braint,
a ninnau mor brin ein diolch wrth arllwys y llif o'r rhyd
i ddifancoll – nes daw, O, gwared ni –
nes daw'r nos i aros amdanom
yn ein hyd, *am ryw hyd*, fel heno eto.
Ein huno ni i'w hafan
a'n traed yn rhydd wrth huno yno.

Cloig serch

'Ilka morn auld, love's a handsel' – Gerda Stevenson

Bob bore mae hen serch yn rhodd o'r newydd,
fel y gadwen na allaf mo'i gwisgo
heb gymorth cymar. Cynllwynio
a wna'r bach â'm llygad, rhag im gredu
y medraf ei chlymu o'm gwegil fy hun.
Galw a wna am ddefod sy'n uno
deuddyn, cans i'w byclu'n ddestlus
rhaid i'r clesbyn orwedd yn wylaidd
ar fynwes fwyn. Cwlwm yw
a unodd anwyliaid oll – ynghudd.

O genhedlaeth i genhedlaeth,
mor ddi-nod yr alwad urddasol;
gorchwyl rhwng dau gymar,
geilw am ennyd yn unig
o astudrwydd bys a bawd.

A thybed nad eiddynt hwy oedd creu
y gleiniau glwys mewn oes a fu,
fel bo'r naill a'r llall yn rhannu rhin
y seremoni gyfrin hon mewn ogof
neu stafell ddirgel? A'u cael o gern i gefn
ac o bryd a gwedd yn ddolen gydiol
wrth anwylo ynghyd y weithred o gau
cymhendod hynod yr ymrwymiad hwn,
fel bo'r naill i'r llall mor ddibynnol â mwclis:
llinyn o ymbiliau rhwng cariad a chadwyn
sy'n estyn ymhell tu hwnt i unrhyw berlau,
gan ddisgleirio o'r newydd heb ofni'r dryllio.

Y glorian

'O ble y daw ein dadeni, ni a ddifwynodd bob rhan o'n daear –
o'r gorffennol yn unig os dychwelwn ato mewn cariad' – Simone Weil

Rwy'n caru'r hen glorwth o glorian
sy'n dal i wegian rhwng da a drwg:
yn ddoeth ac annoeth weithiau,
o'r cignoeth a'r coegni, ar fainc,
ar fwrdd, yn air neu'n gerdd
a'u gosod i siglo, hafalu,
rhoi swmp ar y dysglau dur.
Ond, O, mor dafodrwym yw'r dafol;
owns, neu bwys, 'dyw o bwys.
Ysgwyd ynof a wna – y gwir
a'r gau'n ymysgwyd, yn ymryddhau,
esgyn a disgyn, a'r canol astud
nad yw'n ddistaw na'n ddidostur:
cynilo? Beth sydd i'n cynnal
heb y dwylo a doliwn o ddydd i ddydd:
ein heneidiau a'u rheidiau –
rhown a thrown ati. Ei chrogfa
a dry'n awrwydr, ar dro,
yn dawddlestr – gras a disgyrchiant
ar amrant cyn sadio'n sydyn;
mesurwn yr amserau
sy'n cario holl bwysau'n bydoedd.

Martha Llwyd (1766–1845)

'Ond eto, fe hedodd dy eiriau di / A nythu yn glyd yn ein canghennau ni'
– Fflur Dafydd

Hon oedd wir egwyddorol – ag enaid
    i gynnau'r ysbrydol;
  gwres ei hemynau grasol
  a'u nodau'n Olau o'i hôl.

Marw yn anhysbys

Neb oedd er mor wybyddus – ei myned
    fel menyw gariadus;
  o un i un, fel mân us,
  hen fyd sy mor ynfydus.

*'Dead women don't
make the news nowadays'*

'Tystio'r wyf i'w tosturi' - M.E.